日本語教育のミカタ

荒川洋平 著
YOHEY ARAKAWA

対話で具体的に学ぶ 新しい教科書

にほんごの凡人社
BONJINSHA

はじめに　ロン先生からのメッセージ

日本語教育の世界へようこそ。

　将来の仕事として日本語教育を選ぶにせよ、選ばないにせよ、皆さんは日本語教育に何か興味を持ったからこそ、この教科書を開いているのだと思います。

　この本には、

　　○具体的な日本語の教え方
　　○教える上で大切な日本語の知識

が、150語の専門用語とともに、他のどんな本よりもわかりやすく書いてあります。それらをよりよく理解するため、大学での授業やコースが始まる前に、以下の点をざっと読んで理解しておくと、授業がぐっとわかりやすくなります。

　まず、皆さんが高校までやってきた「国語教育」と、外国人に日本語を教える「日本語教育」は、さまざまな面で違うことを知っておきましょう。

　国語教育のいちばんはじめといえば、小学校1年生の4月の授業でしょう。この授業の前、1年生の1人に、

　「名前は何ですか？」

　と聞いたら、その子はたとえば

　「すずきしょうたです！」などと、元気よく自分の名前を言うはずです。

　ところが、日本語教育の最初の授業で、そこに来ている外国人の1人に対して、同じように

　「名前は何ですか？」

　と聞いても、相手は日本語が何ひとつわかりませんから、答えることができません。

　小さいときに自然に覚えた最初のことばを「母語」と言います。

　小学1年生の鈴木翔太くんは日本語が母語なので、7歳くらいになれば、生活の上で日本語を使うことにさほど不自由はありません。けれども日本語が母語ではない外国人の場合、学習のスタート時点では、日本人の小学1年生と比べても日本語の聞き取りや会話は難しく感じるのが普通です。

▶ポイント1　国語教育と日本語教育ではそれを学ぶ人の「母語」が違う

小学校の国語の時間に戻りましょう。

教室にいるのは誰でしょうか。先生と、あと 30 人くらいの生徒たちでしょう。この場合、ほとんどの生徒はみな同じ年齢の日本人の子どもです。最近は両親または片方の親が外国人である、いわゆる「外国につながる子ども」も増えていますが、基本的にこの「同じ年齢」「同じ国籍」という成り立ちは、義務教育の 9 年間で、変わることはありません。

ところが日本語教育の場合、学ぶ人たちの国籍や年齢はかなり違います。

どこかの日本語学校の教室をのぞいてみましょう。席についている人の国籍は、中国、ネパール、ベトナム、ロシアなど、実にさまざまです。国籍がバラバラというだけでなく、高校生くらいの女子がいるかと思うと、40 歳くらいの男性ビジネスマンが座っていたりもします。

このように日本語を学ぶ人が必ずしも学校教育を受ける子どもとは限らないため、日本語教育では日本語を学ぶ人のことを「生徒」とは言わずに、「学習者」と呼んでいます。

この学習者はまた、日本語を学ぶ目的もそれぞれ違います。

○日本の大学に進学したい
○日本の会社で働くことになった
○日本人と結婚したので生活の上で日本語が必要だ
○アニメが好きで、とうとう日本へ来てしまった

など、いろいろな背景の外国人がいろいろな目的で日本語を学んでいます。

▶ポイント 2　日本語教育は学習者の国籍、年齢、学習の目的がさまざま

今度は生徒や学習者ではなく、教えている先生のことを考えてみましょう。

日本の小学校・中学校で国語を教える先生は、まず間違いなく日本人です。学校によっては英語を教える外国人の先生がいる場合もありますが、こういう先生は週に 1〜2 回来るだけの、いわばゲストです。アメリカ人の英語の先生が、3 年 2 組のクラス担任をしたりすることはありません。

ところが日本語教育の場合、日本人ではない外国人の先生がたくさんいます。

特に海外では、オーストラリアならオーストラリア人、インドネシアであればインドネシア人の先生が日本語を教えるのは、まったく普通のことです。

これは日本の小学校・中学校で英語を教える日本人の先生がたくさんいるのと同じで、いわば当たり前のことです。それでも外国人なのに日本語を教えている先生が何万人もいるという事実は、ちょっと驚きかもしれません。こういう人たちは日本語が母語ではない、つまり日本語のネ

イティブ・スピーカーではないので、「非ネイティブ日本語教師」と呼ばれます。

▶ポイント3　日本語教師の中には非ネイティブの外国人教師がたくさんいる

　授業を比べても、国語教育と日本語教育ではずいぶん違います。

　小学校・中学校で受けた国語の授業はどういうものだったか、思い出してください。他の科目と同じように、毎回の授業は「教科書の〜ページまで進む」ことが目標だったと思います。そして教科書のある部分を生徒が読み、先生はもう一度それを読みながら「筆者の言いたいこと」の解説をしたり、黒板に書いたりしたでしょう。そして生徒はその説明を聞いたり、板書を写したでしょう。

　つまり、どちらかといえば、国語教育では教科書に書かれていることを読んだり、漢字や作文を書いたりすることが主な内容だったはずです。スピーチをしたり、大事な文を先生のあとについて発音したりするような練習は、国語教育ではなかったはずです。

　しかし日本語教育の場合、教科書の内容を学習者が教室でそのまま読み上げるようなことはありません。授業の最初から最後まで、教室では先生が話しているか、それ以上に学習者がしゃべっているかです。つまり授業中、教室の中は日本語の音でいっぱいです。

　はじめて日本語教育の現場を見た日本人の中には、教室がうるさい、と感想を言う人がいるほどです。実はうるさいのではありません。日本語教育では文章や文字を読み書きしたりするより、習った日本語を聞いたり、話したりする活動がずっと多いというだけの話です。

　ことばを換えて言えば、日本語教育の授業では、先生は「教科書を教える」のではなく、教科書に基づいて話したり聞いたりする授業を組み立てること、いわば「教科書で教える」をやっていることになります。ということは、日本語教育の授業は、小中学校の授業でいえば、国語よりも英語、特に英語を実際に聞いたり、話したりする会話の授業に近いのです。これは特に、初級の授業で多く見られることです。

▶ポイント4　初級の日本語教育は「読む・書く」よりも主に「話す・聞く」が中心

　授業について、もう少し比べてみましょう。

　国語の授業では物語を読んだり、詩を読んだり、もう少し学年がいくと説明文を読んだりしたことと思います。学年が上がれば内容が難しくなるのは当然ですが、1冊の教科書の中には、わかりやすいものもあれば、難しいものもあります。

一方、日本語教育の授業では、この「易しい→難しい」の順番が非常に意識されています。

　たとえば、初級で学ぶ大切な内容の1つに「あげる・もらう」など、物のやりとりについての表現があります。

　学習者ががんばってこれができるようになると、次は少し難しくなって「教えて<u>あげる</u>・運んで<u>もらう</u>」などを学びます。

　そのあとで、今度は「あげる」が敬語になった「差しあげる」を習い、「教えて差しあげる」のような、日本人でもそんなには使わない難しい言い方を学びます。このように「易しい→難しい」の順番が明らかになっている点も、日本語教育の大きな特徴と言えます。

▶ポイント5　日本語教育は「易しい→難しい」という学習の順番がはっきりしている

　そろそろ国語教育と比べるのはやめにして、世界の日本語教育がどうなっているか、広いところから見ていきましょう。

　世界中のさまざまなところで、日本語教育は行われています。

　日本語学校はもちろんのこと、中学校や高校など、学校教育で日本語を教えているところもあります。また、日本企業が現地採用の社員に対して研修として日本語を教えているケースもあります。

　2018年の政府の統計では、世界の日本語学習者数は、だいたい385万人くらいと言われています。でもこの数には、ラジオやテレビ、またはインターネットやスマホの学習アプリなどで勉強している人は入っていません。それらを含めると、少なくともその倍くらいの人が日本語を学んでいると言われています。この傾向は特に日本から近い国や地域で目立っており、別の調査では台湾人が3人集まると、80パーセントの確率で、その中の誰かが日本語が理解できるそうです。

▶ポイント6　世界の日本語学習者は385万人、独学を入れるとそれよりはるかに多い

　上に挙げた385万人の学習者を地域別にみてみると、最も多いのはアジアの人たちで、ほぼ80パーセントを占めています。日本という国がどこにあり、どんな国と今までいろいろなやりとりをしてきたかを考えれば、日本語を勉強しようとする人が、日本の周辺の国や地域にいることは自然ですね。

　次に国別にみると、学習者のトップ5は1位が中国（約100万5千人）、2位がインドネシア（約74万9千人）、3位が韓国（約53万1千人）、4位がオーストラリア（約40万5千人）、5位がタイ（約18万5千人）となります。（本書に掲載しているデータは2021年時点の最新のものです。）

この中では、インドネシアとオーストラリアが意外に思えるかもしれません。

インドネシアは国の方針として日本語教育を推進しており、インドネシア人の日本語教師が5,800人もいます。またオーストラリアは中学や高校の選択科目として日本語を設置しているところが多く、100人のうちだいたい1.5人が日本語を理解するほどで、この割合は世界一です。

なお6位以下はベトナム、台湾、アメリカ、フィリピン、マレーシアと続き、特にベトナムの学習者が多くなっています。

▶ポイント7　日本語学習者はアジアが圧倒的に多く、ベスト3は中国、インドネシア、韓国

さて、テレビのバラエティ番組などでも、日本語を上手に話す外国人が増えていますが、この人たちの日本語レベルはどのように分類されるのでしょうか。皆さんが英語の勉強をしたら、自分の英語レベルは、英検準2級とかTOEIC400点といったもので測定・評価されていると思います。

外国人の日本語にも、似たようなものがあります。最も一般的なものは「日本語能力試験」と呼ばれるテストで、いちばん上がN1（難しい）、一番下がN5（易しい）まで5段階あります。

それぞれの試験で、学習した時間、知っている単語と漢字の数でだいたいの目安があります。

たとえば初級の日本語を修了したレベルは「N4」ですが、このレベルだと300時間勉強し、単語を1,500語、漢字を300字知っているくらいです。いちばん上のN1だと、合格するためには900時間の勉強、10,000語の単語、2,000字の漢字が必要ですから、数年にわたる集中した勉強が必要となります。実際にここまで行く人は少なく（日本人でも英検1級取得者とか、TOEICで900点を取った人はそんなにいないのと同じです）、ほとんどの学習者はN5、N4の初級レベルの日本語ができる程度です。

▶ポイント8　外国人の日本語レベルをはかる方法として「日本語能力試験」がある

最後の2つのポイントとして、皆さんが目指すべき日本語教育というキャリアについて考えてみましょう。

日本語教師になるためには、

①日本語についての知識

②それを教える技術

の2点が必要です。

①の基礎はこの本を勉強すればよいのですが、②の技術のほうは実地で覚えるしかありません。

言い換えれば、いくら本を読んでも、授業が上手な日本語教師にはなれません。ですからいちばんいいのは、どんどん教える経験を積むことです。

はじめは地域や自治体でやっている日本語ボランティアの手伝いから入ってみるのもいいでしょう。最初のうちは失敗も多いかわりに、上達も早いものです。その中で、自分が日本語教育に向いているかどうかを少しずつ見きわめてください。

本気でやってみようと思ったら、日本語を教える能力があるかどうかを判断する「日本語教育能力検定試験」を受けることを考えてはどうでしょうか。平成29年度から令和元年度までの3年間の平均合格率は27.3パーセント、しかもこの数値は年々上昇傾向にありますから、合格は決して無理ではありません。

▶ポイント9　上手な教え手になるためには知識と経験の両方が必要

日本語を教える機関の代表は、国内の日本語学校です。

2018年現在、多くの日本語学校で学習者が増えています。また日本語学校そのものの数も増えており、経験の浅い若手の教員から主任クラスの教員まで人手が足りず、多くの機関が教師を募集しています。ところがほとんどの学校は少人数の教育をしており、しかも途上国からの学習者のために学費を安くしているため、結果としてプロの日本語教師の多くは、決して経済的に恵まれた待遇を受けているとは言えません。皆さんがキャリアとして日本語教育を選ぶ上で、このことが大きな障害となることはたしかです。

もちろん、恵まれた待遇にある日本語教師も数多くいます。安定した規模の大きな学校に勤める教師や、またビジネスマン相手の1対1の授業をする教師などがその例です。

また、国内での学習者の増加にともない、どのような日本語を勉強したいかという「学習者のニーズ」もまた細分化しています。

それに備えて、ただ日本語が教えられるだけではなく、販売・会計・アパレルなどの専門科目が教えられる教員と協働してプログラムが企画・立案できる教員や、自分自身が何らかの専門を

持ち、それを日本語で教えられる人材が求められてくるでしょう。これらはいわば「日本語教育のコーディネーター」「サブキャリアとしての日本語教育」という考え方ですが、こういったキャリア作りも自分の視野に入れておくとよいでしょう。

▶ポイント10　待遇や将来を考えると「コーディネーター」「サブキャリア」としての
　　　　　　日本語教育という選択肢もある

それでは、ここからがいよいよ日本語教育のスタートです。
10点のポイントをさっと読み返し、さっそくビデオで実際の日本語教育の授業を見てみましょう。

授業動画 URL

http://www.bonjinsha.com/wp/mikata

登場人物紹介

ロン先生（Ron Taylor）

アメリカ・カリフォルニア出身の日本語教師。日本人と結婚したのを機に来日して、インターナショナルスクールで日本語を教えた後、大学でも英米の学生たちに日本語を教えはじめる。今回は学科を越えた1年生向けの「基礎ゼミ」で日本語教授法を担当する。授業は質問を多く投げかけ、学生を褒めて伸ばすタイプ。

ハルカ（加藤晴香）

国際教養学科。近県の私立校から試験を受けて入学した1年生。英語が好きで、高校の英語教員を志望。明るいサバサバした性格で自称「男子より女子に好かれる」。直感で行動するほうだが、ことばの感覚は鋭い。週末は、大学の隣の駅にあるカフェでアルバイトをしている。趣味はスケートボード。

カナ（秋月加奈）

日本語学科。付属高校から推薦で入った1年生。祖父母と暮らしているために、幼いころから和菓子、書道、和室など和のものが大好きで、高校時代から日本語教師を目指している。物静かな印象だが、仲がいい友人たちには意外とハッキリと自分の意見を言う。趣味は和カフェを探すこと・町歩き。

ユウキ（友田祐樹）

社会学科。大学のすぐそばにある公立校から推薦で入った1年生。特に社会学が好きというわけではなく、サッカーがやりたくて大学に入ったので、将来のことはあまり考えていない。わからないことはわからないと言える、素直で明るい性格。月・水・金曜日は自宅の近くの回転寿司店でアルバイト中。

目 次

目 次

第1章 日本語の教え方の基本

▼ この課の目標

"Can-do" Descriptor

外国人に日本語を教えるための基本的な方法が理解できる。

質問1 それぞれの4つの単語のうち、仲間はずれはどれですか。どうしてそう思いましたか。

(1) イラスト　　音楽　　　ビデオ　　　写真

(2) 飛行機　　　電車　　　バス　　　　切符

(3) トランプ　　かんざし　けん玉　　　かるた

1-1　はじめに：ある単語をどう教えるか

ロン先生：それでは今日から、日本語教授法の勉強を始めましょう。わたしは授業を担当する、ロン・テイラーです。アメリカのカリフォルニア州にある、サンディエゴという町から来ました。

ハルカ：（ヒソヒソ声でカナに）何かさあ、日本語の教え方の先生がアメリカ人ってちょっと変じゃない？

カナ：（ヒソヒソ声で）え、でも「はじめに」の「ポイント3」にそれ、書いてあったよ。それを言ったら、中学校で日本人の先生が英語教えるのもダメってこと

になっちゃうよ。

ロン先生：皆さんには今、日本語の授業のビデオを見てもらったわけですが、見終わった最初の印象はどうですか？　じゃあ、ユウキ君。

ユウキ：テンポがよくて、面白いところがたくさんあって、ちょっと自分でも教えてみたくなりました。

ロン先生：それはいいですね。じゃあ、ビデオの中でやっていたことを順番に確認しましょう。ハルカさん、今の授業で最初にしていたことは何ですか。

ハルカ：学生が先生になって、出席を取って
いました。

ロン先生：そうですね。じゃあ、その次は何
をしていましたか、カナさん。

カナ：その課で出てくる、新しい単語を教え
ていました。「飛行機」とか。

ロン先生：そうですね。最初の活動、これは
ビデオの中では「学生先生」と呼んでいま
したが、体育の授業における準備体操のよ
うなものです。これについてはあとで触れ
ることにして、今日はその次の「単語の教
え方」から考えます。ビデオの中では「飛
行機」「バス」など交通機関の単語を教え
ていましたが、このように新しい事項を
はじめて示すことを「導入」と言います。
ハルカさん、つまりこの部分は何をしたこ
とになりますか？

ハルカ：単語の導入、ですか？

ロン先生：正解です。そこをもう少し詳しく
考えたいんですが、単語を教えるときに、
何か先生が使っていたものはありますか、
またハルカさん。

ハルカ：写真っていうか、カードっていうか。

ロン先生：そうです。単語の導入っていう
のは、新しい「知らない音のカタマリ」を
聞かせるわけです。その音を聞いてもら
い、実際に言ってもらい、そしてそのカタ
マリがどういう意味なのか、先生は教えな
いといけません。じゃあここで、わたし
がロシア語の先生になりますので、皆さん
でちょっとロシア語を勉強しましょう。で
は皆さん、スードナ！（手を使ってあとについ
て言うようにうながす）

3人：す、すーどな…。

ロン先生：スードナ！（言いながら、船の写真を出し、
指で示す）

3人：あぁ！

ロン先生：ハイ、ロシア語の勉強、終わりで
す。そう、「スードナ」はロシア語で「船」
ですね。これで、単語の導入のときに、
絵や写真を使う理由がわかったと思いま
す。学習者は知らない音のカタマリを聞
いて、それを自分でも言ってみて、さらに
絵や写真を見ることで、そのカタマリ
はナニナニという意味だと理解するわけ
です。これが単語の導入の基本です。こ
のときに使う絵や写真ですが、イラスト
が得意だったら手作りしてもいいでしょ
う。専門の書店では日本語教育専用のも
のも売っていて、見るだけでも勉強にな
ります。

スリーエーネットワーク『みんなの日本語　初級Ⅰ
　第2版　絵教材 CD-ROM ブック』「急ぐ／急ぎ
ます」

「単語を教える」とは、学習者に新しい音のカタマリを聞いたり言ったりしてもらって、それが何を意味するかをわかってもらうこと。

1-2　日本語を何語で教えるのか

ロン先生：単語を例に、日本語の教え方をもうちょっと考えてみます。またビデオに戻りますが、あの中で先生は、何か英語とかロシア語とか、外国語を使って教えていましたか？　ユウキくん。

ユウキ：あれ、どうだったっけ…。

ロン先生：じゃあもう1回、単語のところだけ見ましょう。（1分後）では改めて、ユウキくん。

ユウキ：あ、はい、何かハードなんとかとか言っている以外は、あとは日本語だけでした。

ロン先生：そうですね。じゃあ皆さん、この授業を受ける前、日本語ってどうやって教えると思っていましたか？　では、カナさん。

カナ：わたしは英語を使って教えると思っていました。

ロン先生：うん、みんなだいたい、そう思うんですよね。もちろん、英語などを使って教える方法もあるんですが、ある外国語を教えるときは、その外国語だけを使って教えるのが、いちばん基本です。たとえば英会話学校に行くと、そこで教えるアメリカ人とかイギリス人の先生は、日本語を使わないで、英語だけで教えますよね？　日本語も同じです。こういうふうに、何かの言語、つまりナニナニ語を教えるとき、そのナニナニ語「だけ」を使って教える方法のことを、「直接法」と言います。　さっきの話とくっつけて専門的に言えば、ビデオのここの部分は「直接法による単語の導入」です。日本国内で日本語を教える学校や大学では、基本、直接法で教えています。

ある外国語を教えるときに、そのことばだけを使って教える方法を「直接法」と言う。日本国内での日本語教育の場合、多くは直接法が用いられる。

質問2 以下の①～④は日本語教育用の絵や写真です。それぞれ、どんなことばを教えるときに使うと思いますか。

① 　②

③ 　④

①スリーエーネットワーク『みんなの日本語　初級Ⅰ 第2版　絵教材 CD-ROM ブック』「親切［な］」
②スリーエーネットワーク『みんなの日本語　初級Ⅰ 第2版　絵教材 CD-ROM ブック』「遊びます」
③④国際交流基金日本語国際センター『みんなの教材サイト』(https://minnanokyozai.jp)

1-3　他の言語を使った教え方

ロン先生：では、また授業に戻りましょう。さっきやった専門用語は2つ、「導入」と「直接法」ですよね。じゃあ「直接法」の反対の語は何だと思いますか？　3人で話して、考えてみてください。

ユウキ：つまり、「直接」の逆だよね。

カナ：たとえば、手紙を直接渡すって言う場合は、あいだに誰も通さないで渡すよね？

ハルカ：じゃあ、あいだに誰かを通して渡す場合は…。あ、わかった！

ロン先生：そうです。直接法の逆は「間接法」と呼びます。手紙を渡す場合、相手に直接に渡さないときは、あいだに誰か立てますね。それと同じで、そのまま日本語で教えないで、たとえば中国人に対して中国語、スペイン人に対してスペイン語などを使って教えるのが、間接法です。じゃあ皆さんが中学や高校で英語を勉強したとき、先生は英語だけを使っていましたか、それとも日本語も混ぜて教えていましたか？

ユウキ：日本人の先生は、日本語で説明してくれました。

カナ：わたしの学校もそうです。

ハルカ：うちの学校も同じですが、ALT の先生だけは英語だけで教えていました。

ロン先生：なるほど。ということは、今の話を日本の英語教育で考えた場合、皆さんの

学校では日本人の先生は間接法、ハルカさんの学校のALTは直接法を使ったわけですね。じゃ、次の質問です。間接法で教える場合に使う、あいだに入ることばのことを、何て言うと思いますか？　わたしが3つ、ホワイトボードに書くので皆さんで話して選んでみてください。（図1）

A. 仲介語
B. 媒介語
C. 間接語

図1

ハルカ：やっぱりCじゃない？
ユウキ：それって、ベタじゃない？　やっぱりAじゃない？
カナ：わたしはなんか、Bだと思う。

ロン先生：意見が割れましたね。答えはBで、間接法で使う補助のことばを「媒介語」と言います。では間接法は、どんなところが優れていると思いますか、ユウキくん。
ユウキ：やっぱり習うほうの立場だと、文法の説明とか聞いてすぐわかるんで、安心できるっていうか。
ロン先生：そうですよね。たとえば皆さんがロシアの高校で日本語を教えるとしたら、勉強する人、つまり学習者はたぶん全員、ロシア人ですから、文法の説明はロシア語のほうがすぐわかりますよね。で、実際の会話の練習になったら日本語だけに切り替えれば、効率よく教えられます。

\ サマリー ❸ /

ある外国語を教えるときに、補助となる言語（媒介語）を使って教える方法を間接法と呼ぶ。海外の教育機関のように学習者が使うことばが同じであることが多い場合は、文法の説明などで媒介語を使う場合がある。

1-4 「本物」を教えるということ

ロン先生：さて、ビデオの中の授業で、絵や写真を使う他に、先生は面白いことをしていたんですが、ユウキ君、何か覚えていますか？

ユウキ：はい、「新幹線」のアクセントのところで、学習者がどっちか迷っていたときに、本物の車内放送を聞かせたところです。

ロン先生：そうですね。あそこは僕も好きなところです。絵や写真を使うのはいわば「目で教える導入」、車内放送などを使うのは「耳で教える導入」です。あれで正確な「新幹線」の発音がわかったことになりますが、でもなぜ、わざわざあんなことをするんでしょうか？　あの教え方の利点というか、あの部分のいいところって、何だと思いますか？　じゃあカナさんから、どうぞ。

カナ：あ、やっぱり本物なんで、学習者はすごく興味が引かれると思います。

ロン先生：そうですよね。じゃあユウキくん。

ユウキ：（え、まだ当てるの！?）えーと、その、日本文化がわかるっていうか…。

ロン先生：そうです！　よく考えましたね！　じゃあハルカさん。

ハルカ：（え、絶対ないよ！　どうしよう）あの、先生は男性だから、車内放送の女の人の声を聞かせればいろんな声が聞けることも、利点でしょうか。

ロン先生：それも正解です！　今、日本語だけじゃなくて外国語の教育全体で、習うことの中身に、どれくらい「本物らしさ」があるかがけっこう大事になってきてい

ます。これは英語教育で始まったことで、<u>オーセンティシティ</u>と言います。英語で発音すると、"authenticity"！

カナ：（ヒソヒソ声で）ロン先生、英語しゃべれるんだ！

ユウキ：（ヒソヒソ声で）っていうか、日本語上手すぎ！

ロン先生：聞こえているっつーの。（3人：ひえー）では、ここでまた質問です。皆さんが直接法で単語の導入をするとして、たとえば「割り箸」という語を教えることになったら、どうしますか、ハルカさん。

ハルカ：じゃあ、あの、割り箸の絵とか写真を見せるのは、どうですか？

ロン先生：それはいい方法ですね。オーセンティシティ、本物らしさという考えから、他にはどんな方法がありますか？　ユウキ君。

ユウキ：割り箸そのものを教室に持ってきて、見せればいいと思います。

ロン先生：その通り。もし外国で教える場合は、割り箸が手に入らないかもしれないから、その場合はハルカさんの方法がいいですね。でも日本で教えるんだったら、教室に割り箸を持ってきて見せれば、いちばんオーセンティック、つまり本物になります。こういうふうに、外国語の授業用に作られたわけではない、教室の外でも普通に使う本物を、<u>生教材</u>とか<u>レアリア</u>とか言ったりします。さっきの新幹線のところで聞かせた車内放送は、いわば音版のレアリアということになります。じゃあユウキ君に

もう1回、聞きましょうか。割り箸という単語を教えるときに割り箸を見せれば、これは「目で教える導入」になりますね。これをさらに、耳で教える導入に変えるには、どうすればいいですか？

ユウキ：耳で…？　アッ、割り箸を割ればいいんだ！

ロン先生：今日、ユウキ君、絶好調です！そうすれば学習者は、割り箸の外見を見て、割り箸を割る音も聞くから、記憶がもっと残りますし、何より楽しいですよ

ね。だったらついでに、<u>オノマトペ</u>、つまり擬音語とか擬態語も教えちゃいましょうか？　たとえば（机を軽く叩く）この音は日本語で「トントン」ですね。じゃあ、割り箸を割る音は、日本語で何と言いますか、カナさん。

カナ：パチンとかパチとか？

ロン先生：そうです。学習者が楽しんでいるときは不安がなく、学習の動機づけも強いので、そういうついでの事項も教えてしまいましょう！

＼サマリー **4** ／

単語の導入には目や耳などさまざまな方法を使うことが望ましい。授業の内容や教材は、学習者向けに作ったものよりも現実の世界で実際に用いられる、本物らしさがあるもののほうがよりよく学べる。

質問3　(1) 外国で日本語を教える場合、教室に持ち込んで日本文化の紹介になるレアリアを1つ挙げてください。

(2) もし「口で教える導入」というのがあるとしたら、それはどんな単語をどんなふうに教えるのでしょうか？

1-5　シラバスとカリキュラム

ロン先生：さて、今日の授業も後半です。今日は専門的に言えば、媒介語なし、つまり直接法で新幹線とかバスとかの単語の導入をする部分をいろいろ考えていますが、ここで外国語教育にとって大事な要素を学びます。まずビデオの中でやっていた内容をホワイトボードに書きますが、書いたそれぞれの部分を言い換えると、この２つのことばにまとめられます。マルの中に、カタカナを入れてみてください。３人で、考えてみましょう。

> バス、新幹線などの単語を授業の前半に直接法で教えた。
> ↓　　　　　　　　　　↓
> シ〇〇ス　　　　カ〇〇〇〇ム

ハルカ：うしろは「カリキュラム」じゃない？　なんかマルの３つ目、小さいし。

カナ：あ、そうだよね。じゃあ前のやつは？

ユウキ：履修案内に出てくる「シラバス」じゃない？

ハルカ：でも、シラバスって、単語っていう意味なの？

ユウキ：知らない…。

ロン先生：はい、お疲れさま。２つとも正解で、最初は「シラバス」、次は「カリキュラム」です。どちらも教育学の用語で、シラバスっていうのは「何を教えるか」で、カリキュラムっていうのは、シラバス、つまり教える内容を「いつ、どうやって教えるか」ということです。

3人：（わかったような、わからないような顔）

ロン先生：大丈夫ですよ。じゃあ、この説明（図2）を見て、どちらがシラバス、どちらがカリキュラムだと思いますか？

A. 材料（4人分）

・豚コマ切れ肉…300 グラム

・玉ねぎ、キャベツ、ピーマン…適量

・塩、油、ソース…少々

B. 作り方

①豚肉は一口大に切って、塩を振っておく。

②野菜は食べやすい大きさに切る。

③フライパンに油を入れ、熱したら豚肉を先に炒める。

④野菜を入れ、ソースで味付けをする。

図2

> **ユウキ**：これ、料理の作り方？　意味わかんない…。
>
> **ハルカ**：でもユウキ、今日は絶好調なんでしょ？
>
> **ユウキ**：ま、まあね。じゃあ、教える中身がシラバスって言っているから、料理で言うと…。
>
> **カナ**：作る中身、つまりこの「材料」がシラバスってこと？
>
> **ユウキ**：あ、そっか。で「いつ・どうやって」っていうのはカリキュラムだから、豚肉をどうするとかの作り方が、カリキュラムかな？

ロン先生：正解です。実は何か物事をするとき、それが料理でも宿題でも、結局は
・「何を」という部分
・「どうする」という部分
に分けられるんです。それを教育の世界では「シラバス」「カリキュラム」と呼んでいるわけです。じゃあビデオの中の、単語の導入のところを、シラバスとカリキュラムに分けて、分析してみましょうか。ちょっとカッコいいでしょ？　まずカナさん、教える内容、つまりシラバスは？

カナ：電車と、飛行機と、新幹線と、バスと…、あとタクシーです。

ロン先生：そうですね。じゃあちょっと難しいんですが、教え方、つまりカリキュラムのほうは、ハルカさん。

ハルカ：あの、絵や写真を使うとか、車内放送を聞かせるとか。

ロン先生：そうですね。まだありますか、ユウキくん。

ユウキ：みんなで先生の言うことを繰り返すとか？　あと、飛行機のときに手を使っていたけど、それも関係がありますか？

ロン先生：もちろん、あります。そこは日本語の音について勉強するときにまた詳しくやりますが、ユウキ君が言ったことの中で大事なのは、教えるほう、つまり教師が楽しく授業をやっている、つまり<u>ユーモアの要素</u>を入れているっていうことが、大事なカリキュラムの一部なんです。この点についてどう思いますか、ハルカさん。

ハルカ：そう思います。でも、あたしの高校は厳しい先生が多くて、面白い授業をしてくれる先生も少しはいたんですが、逆にそれはふざけている、みたいなことを言う先生もいたりして…。

ロン先生：わかりますよ、それ。ユーモアを不真面目だって取る先生がいることは、教授法に関する研究論文にも書かれていて、イランやインドなどいろいろな国で出版されています。日本だけではない、世界的な誤解なんです。わたしはたまたまアメリカ人で、アメリカではユーモアのある授業に反対する人はそんなにはいないんです。皆さんはおそらく英語の文法はそんなに好きではないと思いますが、文法だって楽しく教えれば、学習者は楽しく学べるはずです。

＼ サマリー ⑤ ／

> シラバスとは何を教えるかという事項、カリキュラムとはいつ・どのように教えるかという時期や方法のこと。ユーモアの要素を入れて楽しく教えることも、立派なカリキュラムの一部である。

質 問 4　（　　）の中にこの課でやった専門用語を入れてください。

新しい単語をはじめて教える、つまり（①　　　　　）をする場合、絵や写真や音声を使ったり、ときにはそのものの実物、つまり（②　　　　　）などを使ったりして、それらの単語が学習者の記憶に残るような工夫をするとよい。また外国語の教え方には、補助のことばである（③　　　　　）を使う（④　　　　　）と、それを使わない（⑤　　　　　）がある。

アクティブラーニング　Active Learning

もし皆さんが「果物のことば」3つを教えるとしたら、どんなシラバス（教える単語）とカリキュラム（＝教え方とその順番）にするか考えなさい。

1. シラバスとして3語を選び、なぜそれを選んだのか説明する（たとえばオレンジ、バナナ、キウイであれば全部外来語なので、わかりやすい）。
2. それを教えるための絵カードや写真カードを用意する。
3. それを5分間でどのように教えるか、順番を書く。
4. 最後に授業形式で発表する。

（所要時間 120 分）

次はこれを読もう

- 大森雅美・鴻野豊子 (2013).『日本語教師の7つ道具シリーズ　語彙授業の作り方編』の「練習アイディアゲーム」アルク
  この本は語彙の教え方を、授業の流れに沿って具体的に解説しています。この章では述べなかった、学習者の間違いを訂正する方法も詳しく載っています。特に読むことを勧めたいのは、単語を教えるための楽しいゲームの数々です。これを読んで、自分なりのアイディアでゲームを考えてみるのもいいトレーニングになります。
- 国際交流基金 (2006).『すぐに使える「レアリア・生教材」アイディア帖』スリーエーネットワーク
  この章で述べた「レアリア」についての効果的な使い方や、どんなレアリアがどんな授業に適しているかがわかりやすく書かれています。著者の人たちは教師研修の経験が長いので、教育現場の実情を考えて書いてあり、どのページも参考になります。特に印刷物のレアリアに関する解説が充実しています。

―質問のこたえ―
質問1
(1) 音楽：これだけが耳で聞くものだから。
　　　　　　　　　　※導入のときは目や耳で学習者にいろいろな経験をしてもらいましょう。
(2) 切符：これだけが交通機関ではないから。
　　　　　　　　　　※ある単語と同じグループの単語にはどのようなものがあるかを考えることは、日本語教師の訓練にはとてもいいことです。
(3) トランプ：これだけが外国から来たものだから。
　　　　　　　　　　※小さいものは、レアリアとして教室に持ち込むと効果的です。

質問2
(1) 遊ぶ / 遊び　　(2) 親切な　　(3) レンジ類　　(4) ひなまつり
※もちろん、これ以外の単語を教える場合にも使えます。考えてみましょう。

質問3
(1) たとえばお年玉袋、切手、はがき、筆ペン、湯のみなど。毎日の生活で使う小さなものや、日本の文化がよくわかるものがいいでしょう。
(2) たとえば「あられ」を持ってきて、その単語を教えて、試食してもらえば、「あられ」という音と実際に食べた時の味が心で結びついて、学習者の記憶によく残ります。

質問4
①導入　　②レアリア　　③媒介語　　④間接法　　⑤直接法

第2章　日本語を教える技術

▼ この課の目標

日本語を楽しく上手に教えるための技術がわかる。

質問1 以下の姿勢はそれぞれ、その人のどんな気持ちを示すと思いますか。

(1)

(2)

(3)

(4)

2-1 教授法と教授技法

ロン先生：2回目の授業ですが、テーマは、ズバリこれです。カナさん、これは何と読みますか（板書1）？

教授技法

板書1

カナ：きょうじゅぎほう、です。

ロン先生：そうですね。この授業は日本語の「教授法」なんですが、今回は3文字目に「技（ぎ）」、つまり「わざ」という字が入っています。では「きょうじゅほう」と「きょうじゅぎほう」の違いは何でしょうか。ユウキくん、どうですか。

ユウキ：技法のほうは、何か、教える技術っていうか…。

ロン先生：その通りです。じゃあ教える技術って何でしょうか。ハルカさん。

ハルカ：教えるときのコツみたいなものでしょうか？

ロン先生：それで正解です。前回は日本語を日本語だけで教える直接法のことや、あるいはシラバス、カリキュラムなどをおさえたのですが、これらは教育に関する理論の束のようなもので、理論を知ったからといって、すぐに教え方が上手な先生になれるわけではありません。実際に教えるときは、その理論に基づいて、どうやって授業を作ればいいのか、その具体的なやり方のことを、教授技法と呼んでいます。たとえばレストランのウエイターやウエイトレスの役割は「お客さんにサービスすること」ですが、ではサービスの技法とはどんなことなのか、ちょっと考えてみましょう。つまり、皆さんがどんなことをしたらお客さんは「ちゃんとサービスしてもらった」と満足するか、1人ずつ具体的に答えてください。じゃあまた、ハルカさん。

ハルカ：あたしは実際カフェでやってるんですけど（笑）、お客さんが3人以上の場合は、誰が何をオーダーしたか、ちゃんと覚えて出すと、ときどき褒められます。

ロン先生：あぁ、それはうれしいですよね。教える場合だと、それは学習者の名前と、あと性格や個性とかを早く覚える技法になるでしょうか。あと、まだ何かありますか、カナさん。

カナ：最近はレストランとかで、荷物を入れて下に置くカゴがあるので、バッグとかが汚れなくて、あれはいいサービスだと思います。

ロン先生：あぁ、あれはアメリカにないのでわたしも感心します。これは授業で言え

ば、学習者の役に立つ道具をきちんと揃えることに似ていますね。ではユウキくん、まだありますか？

ユウキ：あの、1万円で払った場合に、おつりがたとえば8千円だと、お札をちゃんとトランプみたいに（笑）見せてから渡してくれますよね？　あれだと安心だし、間違いがなくていいと思います。

ロン先生：よく観察していますね。わたしも日本に来た頃は、まだ日本のお金の種類に慣れていなかったので、あれをやってもらうと安心しました。授業で言うと、授業で習ったことを最後にもう1回、きちんと確認するような技法と似ているかもしれませんね。いずれにせよ、これで技法ということの意味はわかったと思います。そこで今日はまず、直接法の技法について、また前回のビデオを見ながら、考えてみましょう。「日本語だけで日本語を教える」ときに、先生がどんな工夫をしているか、「行きます」を教えるところを見て、気づいたところを答えてください。

理論の束である教授法に対して、授業を実践する上での技術や具体的な進め方の束を教授技法と言う。直接法は教授法の一種だが、それを上手に行うためには、さまざまな教授技法も学ぶ必要がある。

2-2　理解してもらうための技法

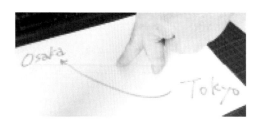

ロン先生：では皆さんの「発見」を教えてください。ユウキくん、どんなところに気がつきましたか？

ユウキ：いちばん面白かったのは、指を動かして「行く」の意味を教えたところです。

ロン先生：たしかに、地図を使って、ある場所から場所へ人の形にした指が動けば、「行く」という意味であることがわかりますね。日本語で日本語を教えるっていっても、そもそも相手は日本語がわからないんだから、教えるほうとしては、教師である自分と学習者の間に共通することは何かを考えて、それを活用するのがいい方法です。これはつまり、身ぶり手ぶりを使った技法ですね。この場合、身ぶり手ぶりと、それに当たる日本語を「同時に」示すことが大切です。では実際に、教壇で練習してみましょう。何でもいいか

ら簡単な日本語を言いながら、その意味がすぐにわかるような身ぶり手ぶりをしてください。最初はハルカさん。

ハルカ：(教壇に立つ) じゃあ、ええと…。(人さし指だけを立てて天井のほうを指差す)。上！

ロン先生：いいですね。しかも元気があります。続いて、ユウキくん。ただし下はナシね (笑)。

ユウキ：えっ！　じゃあ… (教壇で両手を大きく広げる) 大きい。

ロン先生：これもよくわかります。もっとよくわかってもらうためには、反対の「小さい」もペアでやるといいですよ。最後は、カナさん。

カナ：じゃあ似てるんですけど…、(教壇に立ち、背を測るようなしぐさをしてその手を自分より高くする) 高い。(次にその手を自分の腰くらいに下げる) 低い。

ロン先生：それもいいですね。皆さん、教授技法の才能あります (笑)。ただし、身ぶり手ぶりの中にはいま皆さんがやってくれたように、世界のほとんどの人に通じるものもあるし、逆に文化によって違うものもあるから、それは気をつけてください。

たとえばハルカさん、（親指と人さし指でマルを作って）これは何のしるしですか？

ハルカ：「お金」ですか？

ロン先生：他には、ユウキくん。

ユウキ：「OK」ですか？

ロン先生：そうです。実は、この指の形がお金を示すのは、日本くらいなんです。一般にはこの動作は「OK」なんですが、中にはゼロとか、そこからの連想で「役に立たない」という意味になる国もあります。だから身ぶり手ぶりを使う場合、文化の違いに気をつけなければなりません。そういう誤解を避けるためには、レアリアを使ったり、あるいは線画、つまり簡単な絵を書いたりするのもいい工夫です。あとで練習してみましょう。じゃあ身ぶり手ぶりの他に、「行く」を教えるときの教授技法ですが、ハルカさん、ビデオで何か見つけましたか？

ハルカ：「行く」のところだけじゃないんですが、先生の日本語がわりとゆっくりめで、簡単なことばを使っていたと思います。

ロン先生：そうですね。身ぶり手ぶりと並んで、「わかりやすい日本語」を使うことは、最も大切な技法です。でも「わかりやすい・わかりにくい」というのは個人によって違いますよね。じゃあ「わかりやすさの線引き」はどういうところにあると思うか、3人で考えてください。

カナ：小学生が使うことばとか？

ユウキ：でも同じ小学生でも、人によって使うことばが違うんじゃない？

ハルカ：じゃあ、学習者が知ってることばっていうのは？

カナ：あ、たぶんソレだよ！

ロン先生：正解です。たとえば第6課を教えるときは、第1課から第5課までに習った単語や文だけで話すと、学習者にとって理解しやすくわかりやすいでしょう？もちろん、忘れてしまったことばもあるから、多少はゆっくり話すことが大事です。このように、学習者にわかるように工夫した話し方を、ティーチャー・トークと言います。意味はもちろん「先生の話し方」ですね。あ、ユウキくん、どうしましたか？顔が悩んでいますよ（笑）。

ユウキ：でも、そうしたら、第1課を教える場合は前に何もやってないから、身ぶりとか手ぶりだけで教えるんですか？

ロン先生：とてもいい質問です。第1課、つまり最初の授業の場合は学習者の日本語の貯金はゼロですよね？　これに備えて、だいたいクラスが始まる前に、最低限これだけは知っておこうという日本語を、教室に貼ったり、説明したりするのが普通です。あいさつとか、あとナニナニてください、つまり「見てください」「聞いてください」のようなものです。これはずっと使う大事なもので「クラスの日本語」と呼ばれます。クラスの日本語を使うときは、「見てください」と言いながら自分の目を指さす、また「聞いてください」のときは

耳を指さしたりするといいです。

＼サマリー ❷ ／

教師の日本語を学習者にわかってもらうためには、身ぶり手ぶりやレアリア、線画など言語以外の方法を使い、前の課までに学習したことばを用いる。また「クラスの日本語」を決めて、あいさつや指示などで活用する。

質問2　以下の①〜④が示す気持ちを、簡単な線画で顔を描いて表現してください。

①楽しい　　　②悲しい　　　③怒った　　　④やった！

2-3 　指名の技法

ロン先生：さっきは先生がクラスで使う日本語について考えましたが、外国語の授業のほとんどの部分は、教員から学習者への働きかけから始まります。そこで次の技法として、先生の動きや発言をもう少し詳しく見ていきましょう。ユウキ君、先生から学習者への働きかけで気づいたことはありますか。

ユウキ：そう、ですね…。いちおう、全員に当てているところとか。

ロン先生：正解です。個別に指名するということは、授業全体の中で、その当てた人のためだけに時間を使うわけで、言ってみれば個別のレッスンです。そういうチャンスはなるべく全員にあるべきですから、授業時間には学習者全員を指名するのが理想です。でも全体の中で個別レッスンをする場合、問題点があります。それは個別レッスンの間は、指名されない人がひまになっちゃうことです。先生と誰か1人が日本語の練習をしている間、他の人は関係ないですから。そこでこれを防ぐために、ビデオの授業ではある工夫をしていたんですが、ハルカさん、気づきましたか？

ハルカ：はい、「バスで六本木へ行きます」のとき、アンドレイさんという人が答えたんですけど、先生がガウンさんという人に「アンドレイさんは何て言いましたか」と、聞いてました。もしこういう質問があったら、みんな他の人がやってるときも集中して聞くと思います。

ロン先生：そうです。あそこは大事なポイントですね。　授業をしているときは、クラスにひまな人がいないのが理想なんです。外国語の授業っていうと、みんなは話すことが中心と思いがちですが、実は話すためにはまず聞かなくちゃいけないわけで、個別レッスンの何秒かを、他の学習者に対する「聞く時間」にできればいいですね。それを先生が全部の学習者に意識させることが、上手な授業のためには必要です。指名について、他に気づいたことがあったら、ハルカさん、教えてください。

ハルカ：ええと、ダレダレさんと個別に当てるときと、全員にナニナニしてくださいっていうときがあったと思います。

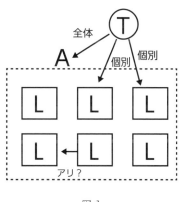

図1

ロン先生：正解です。このことをちょっと書いてみましょう（図1）。教えるほうはティーチャー（Teacher）だからT、学生はラーナー（Learner）だからLとすると、先生からの働きかけはT→Lになりますが、全員、つまりオール（All）に向けて指示することもありますから、T→Aと

いう働きかけもあります。ではここで問題です。L→Lという流れは、外国語の授業で可能でしょうか？　その場合、具体的にはどういう活動になるでしょうか？　3人で考えてみてください。

ハルカ：アレじゃない、最初の「学生先生」っていうやつ？

カナ：そうそう。あと、最後の週末のスケジュールを書くところで、先生が誰か男の人、名前何だっけ？

ユウキ：アンドレイさん？

カナ：そうそう、そのアンドレイさんに、別の人に聞いてくださいって言ってなかった？　あれもそうじゃない？

ユウキ：けっこう短い時間の中に、いろいろあるよなー。

ロン先生：答えが2つとも出ましたね。両方、正解です。つまり、学生Lが別の学生Lに聞く活動は可能です。まず小さいほうから行きますね。最後のスケジュールを聞く活動のところで、先生が「アンドレイさん、ガウンさんに聞いてください」と指示を出して、それにしたがってアンドレイさんというLがガウンさんという別のLに質問していましたよね？　だから詳しく言えば、これはT→L→Lとなりますが、もちろんL→Lの活動が入っています。もう1つは授業の最初の、ガウンさんという学生が先生役になって他の学生に聞いている活動、「学生先生」です。これも実際はガウンさんはLですから、L→Lの流れになっています。それではどうして先生

は、こんなふうに学生を先生にした活動をやったのでしょうか？　ユウキくん。

ユウキ：同じ流れだと、飽きちゃうからですかね？

ロン先生：それもあります。指名1つでもバリエーションがあるほうが教室は活気あるものになります。他には、ハルカさん。

ハルカ：あの女の人が、日本語教師になりたがっているとか？

ロン先生：たしかに、先生を育てる授業、つまり教師研修ではこの活動をけっこうよくやります。ただ、普通の授業で「学生先生」をする目的と考えた場合はどうでしょうか？　カナさんはどうですか？

カナ：先生の役をすることで敬語が身につけられる、とか…。

ロン先生：そうです。敬語っていうのは日本人にとっても難しいし、外国人だったらなおさらですね。日本語教育でも、教室の中を会社っていうことにして学生の1人を社長にして、他の学生が敬語を使ってみるなんて活動があるんですが、普通に教室で勉強している学生が急に社長とか店員とかをやって、それが本当のコミュニケーションになるかというと、ちょっと微妙です。言い換えれば、教材であれ授業の設定であれ、本物じゃない限り、学習者は本気にならないんです。でも、「学級委員」「クラス委員」みたいな役目は世界中の学校にあるし、そこでは学生は「本当に」丁寧な話し方をするんです。たとえばこの中で、小学校か中学校で、学級委員をしたことがある人はいますか？

3人：（手を上げる）

ロン先生：皆さんは、ホームルームで前に立って何かしゃべったと思いますが、そのときに「何か意見なーい？」と友だちのような話し方をしましたか、それとも「何か意見はありませんか？」と普段は友人であるクラスメートに、丁寧な話し方をしましたか？　ぜったい、後者でしょう？

3人：(心の中で) ホントだ、そういえば…。

ロン先生：それが「本物のコミュニケーションの場を作る」っていうことなんです。こういうふうに、たとえば丁寧な話し方であれば、誰が誰に対して何のためにその話し方をするのか、それが本当に使われるような状況を明示して教えることを「<u>文脈化</u>」と言います。文脈化は21世紀の外国語教育で、最も大切なキーワードです。

\サマリー ❸/

個別の指名は特別な時間なので全員に当てるようにする。また質問をするときには教師から学習者ではなく、学習者が学習者に聞く流れも用いる。

2-4　評価と褒め方の技法

ロン先生：さっきやったのは学習者を当てたり、質問したりする場合の技法でしたが、他に先生が使った技法で、気づいたことはありますか、ハルカさん。

ハルカ：先生がすごく褒めていました。間違いを直す場合も、1回褒めてから直す、みたいな感じで…。

ロン先生：そうですね。ビデオを見て気づいたと思いますが、授業での先生のことばというのは、ざっくり3つに分かれます。1つは<u>質問</u>のことば、もう1つは「聞いてください」のような<u>指示</u>のことば、そして最後の1つはその指示で学習者が言ったことを直したり、褒めたりすることば、つまり<u>評価</u>のことばです。評価というと何だかテストのようですが、ちょっと専門的に言うと、評価とは「学習者の変化を教育目標に照らしあわせて価値判定すること」だから、直すのも褒めるのも、実は評価なんです。あ、ユウキくん、また悩みですか？

ユウキ：あの、さっき先生が、なるべく学習者が知ってることばで授業をするって言ってたじゃないですか？　でもビデオを見ると、先生は「きれいな発音ですね」とか、授業の中で習っていないことばを使ってるじゃないですか。たぶん「発音」って、けっこう難しい単語だと思うんですけど。

ロン先生：そうですよね。実は、「聞いてください」みたいなクラスの日本語と並んで、いい評価をすることば、つまり褒めるときのことばは、学習者が全部わからなくてもいいんです。自分の答えに対して先生

が何かニコニコと評価してくれたら、誰でも褒められているのはわかるし、先生は何て言ったんだろうってすごく知りたくなるでしょう？　ちょっと、ロシア語の授業としてやってみましょうか？　（笑）

3人：あ、それは、もういいです…（笑）。

ロン先生：そうですか（笑）。逆にいつも褒めるときに「いいですね」とか「よくできました」くらいしか言わないと、学習者も「褒められた感」を持たなくなるんですね。そういう意味では、褒めることばのバリエーションは10個以上持っていて、いろいろ使うといいと思います。たとえばカナさんだったら、学習者がいい答えをしたら、どんなふうに褒めますか？

カナ：そうですね…。じゃあ「日本人みたいな発音です」とか？

ロン先生：それはアメリカの大学で言われたことがあります。すごくうれしかったです。他には、ユウキくん。

ユウキ：「前よりよくなりましたね」はどうですか？

ロン先生：いいと思います。その場合、適当に言わないで、前は～だったけど、今は～になったと、具体的に説明できるといいでしょうね。ハルカさんは、どうですか？

ハルカ：これはいいかどうかわからないんですが、さっきのL→Lの考えで、「すごくいい発音なので、みんなで～さんの発音をリピートしましょう」とかはどうでしょうか？

ロン先生：褒め方の授業だから言うわけじゃ

ないけど（笑）、「学生先生」っぽくて、本当にいい工夫だと思います。結局、本当に優れた先生になるためには、学習者のことばを「流さない」ことが必要なんです。この「流す・流さない」って、どういうことだと思いますか、ユウキくん。

ユウキ：たぶん、「流す」は聞き流すことで、「流さない」は、ちゃんと一生懸命聞く、っていうか。

ロン先生：そういうことです。初級のはじめに学習者が言えることなんて、せいぜい「バスで六本木へ行きました」くらいのことです。でも、それを流してはいけません。

下手でも、間違っていても、それはその人が口にした、その人だけの大切な情報なんです。学習者の一言一言を、「耳が疲れるくらい」に、真剣に聞いてください。そしていろいろな質問をして会話を伸ばしたり、いろいろなことばで褒めたりしてください。そうすることで学習者は本当にうれしくなるし、教えるほうも楽しく授業ができるようになります。　たしかに技法っていうのはテクニックなんですが、結局、そういう気持ちでいられれば、自然とテクニックのレベルは上がります。

╭─── サマリー ❹ ───

学習者の答えを褒めることは大事な評価活動になる。褒めるときの日本語は、学習者が知らない単語を使ってもいいので10種類以上用意する。学習者の日本語は内容がつたなくても真剣に聞き入って評価する。

2-5　訂正の技法

ロン先生：次は逆に、学習者が間違った答えをしたり、わかりにくい発音をしたりした場合はどうするか考えてみましょう。これも大事な評価の1つですが、ユウキくん、英会話を習っていて、直されたときに何かイヤだったことがありますか？

ユウキ：そうですね。やっぱり、ちょっと間違えただけなのに、「そうじゃないでしょ」みたいに強く言われると、恥をかいた感じ

になるので、直す場合も優しく言ってほしいです（笑）。

ロン先生：そうですよね。英語を話すときに間違えるっていうのは、違うことばだから当然です。それに「間違い」といっても人のものを盗んだとかではないので、先生がいばるのはよくないですね。じゃあ、学習者のプライドを傷つけないで間違いを指摘するためには、ハルカさん、どうしたら

いいでしょうか。

ハルカ：あの、あたしのクラスのレイコフ先生は、あたしが間違えた場合でも、先にナニナニはよかったって褒めてくれて、それから間違ったところを言ってくれるんで、何かプラスマイナスゼロみたいな感じで、すごくいいです。

ロン先生：あぁ、レイコフ先生は上手ですよね、そういうところ。褒める評価と直す評価を同時にするのは難しいですが、クラス全体にいい影響があります。外国語のクラスっていうのは誰か1人をけなすだけで、全体の雰囲気がすごく悪くなるし、逆に誰かを褒める場合も、褒められた人だけじゃなくて、周りも何となくうれしくなるんですね。このことを心理学では「代理強化」って言います。じゃあ肝心の、間違いを指摘したあとに何をするかですが、これもいろんな方法があります。ハルカさん、レイコフ先生のクラスはどうですか？

ハルカ：先生はすぐ答えを言わないで、あたしが直すまで、けっこう待っています。

ロン先生：カナさんのクラスはどうですか？先生はどなたですか？

カナ：ジョンソン先生です。ジョンソン先生は誰かが間違えると、ヘルプヒムみたいなことを言って、みんなで正しい答えを言って助けてあげよう、みたいに言ってくれます。

ロン先生：カナさん的には（笑）、それはどうですか？

カナ：けっこう好きです。何か、1人の間違いをみんなで直そう（笑）みたいな感じで。

ロン先生：なるほどね。間違いのあと正し

い答えを示す場合、方法は大きく分けると3つありそうですね（図2）。まず①先生が正しい答えを言う。これは標準ですね。次に②レイコフ先生のクラスのように、学習者自身で直させる。これは、ついうっかり間違えたもの、つまりミステイクだったら直せますが、本当に思い込んでいる間違い、つまりエラーだった場合は別の方法がいいですね。最後に③ジョンソン先生のクラスのように、周囲から正しい答えを言ってもらう場合があります。何でも教えたがる学習者がクラスにいるのもときどきは困ってしまいますが（笑）、方法の1つとしては覚えておきたいですね。

~正答の示し方~
① 教師が示す
② 学習者に発見させる
③ 周囲の援助を使う

図2

3人：（聞きながらミステイクとエラーの違いをノートに書く）

ロン先生：最後に、正しい答えを言ったからといって、すぐに直るわけじゃないことも覚えておいてください。スパルタ式に何回叩き込んでも、学習者が本当に理解しないかぎり、同じ間違いが繰り返されます。理解するっていうのは音の場合だったら、耳で聞いて聞きわけられる、ということです。皆さんは日本人だから、英語のLとRの音の区別は難しいですよね。同じように、たとえば韓国人はザとジャの区別

が、あとタイ人はシとチの区別が、それぞれ難しいんです。授業時間は限られているので、学習者が発音の聞きわけでも文法の

理屈でも、自分で勉強してわかるように、ちょっと難しく言えば、<u>自律性</u>を持って学習できるように持っていくのが理想です。

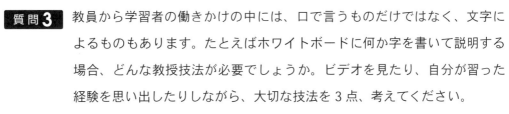

サマリー **5**

間違いの訂正も評価活動であり、よい評価をしながら訂正することでクラス全体の雰囲気がよくなる。正答の出し方にも種類があり、正答がわかっても間違いは繰り返されるので、学習者が自律的に学習するように持っていく。

質問3 教員から学習者の働きかけの中には、口で言うものだけではなく、文字によるものもあります。たとえばホワイトボードに何か字を書いて説明する場合、どんな教授技法が必要でしょうか。ビデオを見たり、自分が習った経験を思い出したりしながら、大切な技法を3点、考えてください。

例：マーカーを赤・黒で使い分けて、大事なことは赤で書くこと。

インターネットで口頭コミュニケーション（主として耳と口でやり取り）中心の外国語の授業記録を探し、「直接法による説明」「指名」「評価」の観点から教授技法について分析し、レポートを書きなさい。

例 1) https://www.youtube.com/watch?v=34DLRpm93Y8

例 2) https://www.youtube.com/watch?v=Niel3vqgwrU

（所要時間 180 分）

次はこれを読もう

● 今村和宏 (1996).『わざ－光る授業への道案内（日本語の教え方実践マニュアル）』アルク
現在のところ、日本語教育の教授技法について体系的に述べた唯一の本です。特に、身体論という学問に根ざした、教師の体の使い方や声の出し方、目線などについて、著者の経験に基づいた具体的なアドバイスがたくさん書かれており、どのページも役に立ちます。また授業と演劇の関係にも触れており、教授技法についてより深く学びたい学生には最適の一冊です。

―質問のこたえ―
質問 1
(1) 落ちこんでいる、困り果てているなど。
(2) 相手に対して怒っている、文句を言っているなど。
(3) 迷っている、困っている、悩んでいるなど。
(4) うれしい、楽しい、明るい気持ちなど。

質問 2（解答例）

①   ②   ③   ④

質問 3
例として以下のものが挙げられますが、他にもたくさんあります。
①絵の利用：線画を使う
②字の大きさ：いちばんうしろに座る学習者にもよく見えるように、大きい字、太い文字で書く
③項目整理：単語、文型、漢字など学習の項目別に区切る
④書き手の交代：学習者に書いてもらう
⑤表記の学習：漢字にはふりがなをつける

第3章　日本語の単語

▼ この課の目標

"Can-do" Descriptor

日本語の単語の種類と相互の関係が理解できる。

質問1 それぞれの4つの単語の中で、仲間はずれはどれですか。どうしてそう思いましたか。

(1) ファッション　　アクセサリー　　化粧　　　メイク

(2) ついに　　　　　まもなく　　　　やっと　　とうとう

(3) 猫　　　　　　　柴犬　　　　　　競走馬　　アフリカゾウ

3-1　語種による単語の分類

ロン先生：こんにちは。3回目の授業を始め
ましょう。今まではビデオを見ながら、日
本語の教え方の技術や方法を考えてきま
したが、今回からしばらくは教え方ではな
く、日本語についての知識を整理します。
ことばの勉強の中でいちばん取り組みや
すいのは単語ですから、まずは単語の整理
から始めます。最初に、3人で、この2つ
の違いを考えてみてください（板書1）。

単語
語彙（ごい）

板書1

> ハルカ：上の単語っていうのは、たぶん今までやってきた飛行機とかバスとかだよね？
>
> ユウキ：下のことば、見たことない。漢字もはじめて見たし。
>
> カナ：語彙って単語の意味のことかと思ったけど、「意味」の「意」とは漢字が違うし…。
>
> ハルカ：アレかな、英語の「ボキャブラリー」？

ロン先生：今の段階では、単語というのがそれぞれの語、つまり「スマホ」「起きる」など具体的なことばを表すということがわかっていればいいですよ。まず皆さん、「スマホ」とか「起きる」などは毎日、普通に使う単語ですが、じゃあたとえば高校の古文で習った単語を順に言ってみてください。

カナ：「いとをかし」とか。

ハルカ：えーと…、「さりとて」とかもありました。

ユウキ：「高い」が「高し」になる、みたいなのもありました。

ロン先生：よく覚えていますね。つまり単語はそれぞれのことばですが、語彙というのは何かテーマを決めたときの「単語の集まり」のことです。いま、皆さんに出してもらったのは「古文の語彙」ということになります。じゃあ、これから言う単語は、何に関する語彙でしょうか。売り場、バーゲン、商品券…。カナさん。

カナ：はい、デパートの語彙です。

ロン先生：いいですね。ではドラッグ、スワ

イプ、タップ。これは、ユウキくん。

ユウキ：スマホの語彙っていうか、スマホの操作の語彙っすか？

ロン先生：そうっす（笑）。つまり、1つずつの単語を指して「この語彙は…」とは言えないわけです。では違いがわかったところで、日本語の語彙の分類を考えていきましょう。最初にハルカさん、お昼に食べるご飯は、英語で何て言いますか？

ハルカ：（アメリカ人の先生だから少し緊張）ランチです。

ロン先生：OK です。Lunch は日本語でも「ランチ」になっていますね。じゃあユウキくん、この「ランチ」をちょっと体育会とか部活で、男子がよく言うような言い方にしてください。

ユウキ：昼めし？

ロン先生：いいですね。最後にカナさん、「ランチ」「昼めし」を、漢字2文字で、ちょっと固い感じで言ってもらえますか？

カナ：2文字…。あ、「昼食」です。

ロン先生：その通りです。これで、ランチ・昼めし・昼食と、昼に食べるご飯について3種類の言い方が出ましたね。これが、日本語の語彙を分ける1つの方法です。ではいったいこれは、どのような分類なのでしょうか、3人で話してみてください。

ハルカ：ランチはカタカナ語だから、あれじゃない、外来語？

ユウキ：そうだよね。じゃあ昼めしは、男っぽい語？

カナ：昼めしと昼食はどっちも同じ漢字だけど、読み方が違うよね。

ハルカ：チュウショクは多分、音読みで…。

ユウキ：あ、そうか。じゃあ昼めしの「ひる」って訓読みなんじゃない？

ロン先生：鋭い観察ですね。ランチは、英語から来た語なので「外来語」です。ハルカさんが言った通り、昼食は漢字の音読みからできている語で、これも多くは中国からの外来語なんですが、「漢語」と呼んでいます。そして、漢字で書けば訓読みになることば、この「昼めし」や、山・川・男など、日本語にもとからあることばを「和語」または「やまとことば」と言います。

このように、単語の出どころ、難しく言うと「出自」で分けた分類のことを「語種」と呼びます。日本語は今のランチの例のように、1つの同じことを和語と漢語の両方で言えたり、ときには3つの語種すべてで言えたりすることがあります。　たとえばユウキくん、「パケット料金」は、和語・漢語・外来語のどれでしょうか？

ユウキ：え？　パケットは外来語で…、料金は、たぶん漢語だけど、じゃあ、「外来語漢語」？

ロン先生：理屈は、その通りです。日本語はこうやって違う語種の語をつなげて新しく単語を作ることができます。これらは「混種語」と言います。日本語教育の初級で出てくる混種語としては「バス停」があります。

＼ サマリー **1** ／

個々の語は単語、特定の条件の下の単語の集まりを語彙と言う。単語は語種によって和語・漢語・外来語に分類され、異なる語種の語を組み合わせた語を混種語と呼ぶ。

質問2 (1) 以下の夏に関する語彙を和語（やまとことば）・漢語・外来語に分けて
ください。

花火　プール　夏　帰省　浴衣　セミ　ヒマワリ　休暇

(2) 以下は、同じことがらを違う語種で言い換えたものです。
空欄に適切な単語を入れてください。

和　語	はやさ		はやり
漢　語		果実	
外来語	スピード		ブーム

3-2　反義・類義・多義

ロン先生：次は単語の種類ではなく、単語と単語の関係について考えます。まず、ある単語には反対の意味を持つことばがありますね。カナさん、「右」の反対は何ですか？

カナ：左です。

ロン先生：正解です。じゃあ「長い」の反対は？　ユウキくん。

ユウキ：短い、です。

ロン先生：そうですね。反対の意味のことばを、専門的には「反義語」あるいは「対義語」と言います。「反」は反対の「反」だからわかりますよね。「義」っていうのは、正義とか正しいことといった意味ではなくて、ことばの意味のことです。ですから、2つのことばが互いに反対の関係にある場合、その関係を「反義関係」とか「対義関係」と呼びます。このあたり、もう少しやってみましょうか。ハルカさん、「白」の反対は何ですか？

ハルカ：黒です。

ロン先生：そうですよね。ちゃんと決着つけることを「白黒つける」と言いますからね。じゃあ皆さん、小学校の運動会でチームに分かれたとき「白組」と「黒組」でしたか？

ユウキ：黒組って、すっごい反則とかしそう（笑）。

ロン先生：あまり入りたくない組ですよね（笑）。この場合は「赤組」ですから、白の場合、反義語が2つあることになります。じゃあカナさん、「高い」と反義関係にあることばも2つあるんですが、どうですか？

カナ：背が高い場合は「低い」で、値段などについて言う場合は「安い」です。

ロン先生：その通りです。次に、ある単語と別の単語が似ている場合を考えましょう。実は、日本語教育ではこっちのほうが大事なんです。というのは、学習者は似たことば同士の使い分けを難しいと感じるからなんです。皆さんもたとえば英語の high と tall 、どちらも日本語では「高い」ですが、2つの違いなんて簡単に言えないですよね？

3人：(黙ってうなずく)

ロン先生：それは外国語だから当たり前なんです。こういうふうに、互いに意味が似ている語は「類義語」と言います。じゃあハルカさん、類義語同士の関係は、何て呼びますか？

ハルカ：類義関係、ですか？

ロン先生：その通りです。わたしも類義語ではしょっちゅう苦労しています。しかも日本人に聞いても、なかなか答えてくれないんですよ。たとえばちょっと3人で「楽しい」と「うれしい」の違いを考えてください。

ユウキ：この質問、今までいちばん難しくない？

カナ：使い分けてはいるけど、わざわざ違いなんて考えたことはないし。

ハルカ：じゃあ、なんか具体的に入れてみる？　たとえば「お年玉をたくさんもらって…」

ユウキ：うれしい。

カナ：「楽しい」は、そのお年玉を使って何か買いに行ったりしたときだよね？

ハルカ：じゃあ、たとえば「やりたかったバイトができて…」

ユウキ：これもうれしい、かな。なんか「うれしい」は、そのとき一瞬で「ヤッタ！」って感じ？

ロン先生：皆さん、いい分析ですね。うれしいは何かの出来事で一気に気持ちが晴れやかになった感じ、楽しいはいい気分が長く続く感じでしょうね。皆さんの例で言えば「お年玉をたくさんもらってうれしかった。そのお金で友だちと遊びに行って楽しかった」と言えますね。このように日本語教育では類義語の上手な説明が大事だとわかったところで、あと1つ、「多義語」というのをやりましょう（板書2）。カナさん、これはどういう意味だと思いますか？

多義語

板書2

カナ：たぶん、意味がたくさんある語じゃな
　　　いかと思います。

ロン先生：どうしてそう思いましたか？

カナ：「義」はさっき習った「意味」ってい
　　　うことで、「多い」がついているから、意
　　　味が多いことばじゃないかって…。

ロン先生：その通りです。じゃあ、たとえば
　　　どんな語でしょうか、ユウキくん。

ユウキ：ええと、じゃあ「月」とか？　空の
　　　月と、ひと月、ふた月の月？

ロン先生：いい例ですね。皆さんも英語を勉

強したときに、たとえば take のような動
詞は意味がたくさんあるために、自分が読
んでいるのがどの意味か、迷ったことがあ
ると思います。同じように日本語を勉強す
る外国人も、意味がたくさんある多義語は
理解が大変なんですね。ちなみに多義語で
わたしがいちばん苦労したのは「気」です。
気がある、気がつく、気にするとか、これ
は本当に1つの単語なのか、と今でも気に
なるくらいです。

＼ サマリー ❷ ／

ある単語はさまざまな関係で他の単語と結びついている。ある語と意
味の上で反対になる語は反義語、また意味が似ている語は類義語、意
味が複数ある語は多義語と呼ばれ、日本語を教えるために頭の中で整
理しておく必要がある。

質問3　(1) ペアになって、以下の類義関係にある語の違いを話し合ってください。

　　　①やる－する　　②寒い－冷たい　③じょうずな－得意な

　　(2) 辞書を見ないで、以下の多義語の意味を2つ以上考えてください。

　　　①山　　②丸い　　③耳

3-3 数詞と助数詞

ロン先生：あるテーマに関係ある単語の集まりを「語彙」と呼ぶことはすでに勉強しましたが、日本語で面倒なものの１つに、数や順番に関する語彙があります。「数」がつくことばなので「数詞」と言います。代表的なのは1,2,3…ですが、他に何があると思いますか、ハルカさん。

ハルカ：1つとか2つとか、ですか？

ロン先生：そうです。1が「ひ」、2が「ふ」になるのは他にもあるんですが…。カナさん。

カナ：1が「ひ」…。あ、1人、2人！

ロン先生：そうですね。あと日付だとどうでしょうか、ユウキくん。

ユウキ：1はわかんないですけど、2は「ふつか」、3は「みっか」です。

日本語の数詞

和語	ひ〜	ふ〜	み〜
漢語	いち（+X）	に（+X）	さん（+X）
外来語	ワン	ツー	スリー

図 1

ロン先生：そうですね（図1）。数詞でも、語種の３種類、つまり和語・漢語・外来語が見つかります。和語はひ・ふ・み…と続いて「とお」まであります。外来語はあまり使いませんが、1人で運転するモノレールなどを「ワンマン運転」、写真に2人で写ることを「ツーショット」と言いますから、やはり日本語になっています。じゃあ漢語のところを見てください。いち、に、さんという数字はそのまま使うこともできるし、ここではプラスエックス（+X）と書いたんですが、あとに何かつけることもできます。これ、何だと思いますか？ユウキくん。

ユウキ：あの、1枚とか2冊とか、ですか？

ロン先生：そうです。「枚」「冊」のように、数詞のあとに付けて、その物の形や性質をあらわすことばを助数詞と言います。数詞や助数詞で気をつけることは、「数量を表すことばの場合、「を」「に」などはつけない」ということです。わたしが昔よくやったのは「3つを買いました」とか「2杯を飲みました」という間違いです。これは時間のことばも同じで、期間を示す場合は「昨日に行きました」と言えないですよね？　日本語教師が知っておくべき、大切な単語の知識です。

サマリー ❸

数や順番に関する単語を「数詞」と言い、数詞にも和語・漢語・外来語それぞれの語種がある。また数詞のあとにつけて、物の性質や形状を表すことばを助数詞と言う。

3-4　カテゴリーとプロトタイプ

ロン先生：単語の勉強の最後に、単語を分類し、関係づける方法をあと1つだけ紹介します。最初に、ちょっとこのAとB、それぞれのカッコの中に、3人で話して適切なことばを入れてください（図2、図3）。

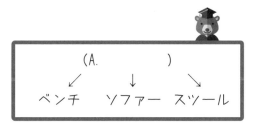

図2

図3

カナ：スツールって何？

ユウキ：カフェのカウンターにあるみたいな、背が高くて背もたれがないやつ。

カナ：じゃあ3つともいすの種類だから、Aは「いす」？

ハルカ：Bはお寿司の種類を入れるから、たとえばマグロとか？

ユウキ：ここは何か1つ、って決まってるわけじゃないよね？　イカとかもアリ？

ロン先生：ハイ、Aのこたえは「いす」ですね。Aの下に書かれた3つのものは、いわば「いすの仲間」です。Bは具体的な寿司の種類、つまり寿司ネタが入りますから、寿司ネタである限り、マグロでもイカでもいいですよ。わたしだったらエンガワかな（笑）。では、この2つの図は、それぞれ単語をどうやってまとめたものでしょうか。ハルカさん。

ハルカ：何かの名前を挙げて、その具体的な仲間というか、種類を書いたものだと思います。

ロン先生：その通りです。日本語の単語は数

万語もあるんですが、これはそのグループ分けの方法の1つです。下のほうに書かれる個々の具体的なもの（種）と、それをとりまとめて上のほうに書かれたもの（類）で分類する方法で、つまり上下の<u>カテゴリー化</u>を行ったものです。具体的にはいすとか寿司というのは類で、上位カテゴリーに当たります。ということは、ソファとかスツールとかは、いすの…？　ユウキくん。

ユウキ：下位カテゴリー、ですか？

ロン先生：そうです。わたしたちはみんな、<u>母語</u>であっても外国語であっても、たとえばこの方法のように、単語をカテゴリーに分類しています。別に親とか先生に言われたわけでもないのに、カテゴリー化は心の中で無意識になされています。自分の部屋の片付けはダメっていう人も、頭の中は上手に片づいているんです。今度は図3の、Bの寿司のカテゴリーを見てください。この下位カテゴリーの、さらに下のカテゴリーってあるでしょうか、またユウキくん。

ユウキ：あ、マグロだったら、赤身とか中トロとか？

ロン先生：おぉ、詳しいですね。

ユウキ：いま、回転寿司店でバイトしてるんで。

ロン先生：あとでお店、教えてください（笑）。じゃあ逆に、寿司っていう上位カテゴリーのその上って、あるんでしょうか、これはハルカさん。

ハルカ：和食とか食べ物、とかですか？

ロン先生：そうなりますね。これで和食－寿司－マグロ－中トロと、寿司関係のカテゴリーが上から下へ4つ揃いました。では話を日本語教育に戻すと、この4つの中で、初級で最初に教えるべき単語はどれでしょうか、皆さんでどうぞ。

3人：（いっせいに）寿司！

ロン先生：そうですね。大きすぎず、逆に細かすぎずで、Aだったら「いす」がそれでしょうね。このように、人間がある物事をはじめて見知ったときに「あっ、ナニナニだ」と考えるカテゴリーのレベルを、<u>基本レベルカテゴリー</u>と呼んでいます。小さく固めたご飯の上に、知らない魚の切り身が乗せられたものを見たら「あ、寿司だ！」と思うでしょ？　でも、「あ、食べ物だ！」だったらカナさん、どうですか？

カナ：何か、ちょっと広すぎるっていうか…。

ロン先生：そうですよね。じゃあ逆に「あ、クロムツだ！」ではハルカさん、どうですか？

ハルカ：それはちょっと、マニアックな（笑）感じが…。

ロン先生：ですよね？　他に「本」や「犬」などにも言えるんですが、日本語教育の初期に出てくる単語には、基本レベルカテゴリーに属するものが多いんです。ではこれと関連して、今日の最後の問題です。ユウキくん、君がアルバイトをしている回転寿司店に、ローストビーフはありますか？

ユウキ：はい、あります。生ハムの寿司もあります（笑）。

ロン先生：なるほど。じゃあハルカさん、マグロ、ローストビーフ、生ハムと3つの寿司ネタを考えた場合、いちばん「寿司ネタ

の代表」と思えるのは、どれでしょうか？

ハルカ：やっぱり、マグロだと思います。みんな知ってるし、どこのお店にもあるので。

ロン先生：そうですよね。カテゴリーの中の成員、いわばメンバーにはいろいろありますが、今の例でわかるように、マグロのような、そのカテゴリーの代表と、生ハムのように、人によってはそれを寿司として認めないようなものまで、段階があるんですね。このメンバーの中でいちばん典型的なもの、ちょっと難しく言うと<u>典型性</u>が高いものを、<u>プロトタイプ</u>と言います。で

はカナさん、日本の朝ごはんのプロトタイプを教えてください。

カナ：うちは祖父母がいるんで、和食が多いから、ごはんとおみそ汁と、あと何だろう、卵焼きとか…？

ロン先生：なるほど、そういう家はけっこう多いと思います。でもアメリカ人なら、それらはプロトタイプにはならないですね。つまり、プロトタイプには国や文化ごとに差があるんです。ですから単語の導入で絵を使ったりする場合には、気をつけてください。

\ サマリー **4** /

数や他のカテゴリーとの違いが最も得られるちょうどよいレベルのカテゴリーを基本レベルカテゴリーと言う。またカテゴリーのメンバーで最も典型性が高い事物をプロトタイプと呼ぶ。

質問4 文章を読み、正しいこたえを A ～ D から選んでください。

「犬」という単語の導入で左のような写真を使ったら学習者はぜんぜんわからなかった。その理由として最も考えられるものを以下から選びなさい。

A. この写真が犬の上位カテゴリーだったから。

B. この写真が犬の基本レベルカテゴリーだったから。

C. この写真が学習者にとって犬のプロトタイプだったから。

D. この写真が学習者にとって犬のプロトタイプではなかったから。

グループで「コロケーション」という語の意味を調べ、「シーツを」「〜を忘れた」という語に続くコロケーションを「ありそうな順」にそれぞれ 5 つ考えなさい。考えたら、コーパス「少納言」を使って、それが当たっているかどうか調べて発表しなさい。

参考：http://www.kotonoha.gr.jp/shonagon/

（所要時間 90 分）

次はこれを読もう

● 秋元美晴 (2010). 『日本語教育能力検定試験に合格するための語彙 12』の「5 章 語構成」「8 章 擬音語・擬態語」「12 章 語彙の習得と学習」アルク
　語彙の理論と教え方について、もっと深い理解を得るための最適の参考書です。どの章も役立ちますが、特に 5 章は語の分類について詳しく説明があり、また 8 章はいわゆるオノマトペ（擬音語・擬態語）について簡潔にまとめています。12 章は他の章と比べると少し難しいのですが「単語を身につける」とはどういうことについて、専門的な考え方が紹介されています。もともとが日本語教育能力検定試験の対策として編集された本なので、検定を受けてみたい人にもピッタリです。
● 石綿敏雄 (1985). 『日本語の中の外国語』の「第三章 外来語の生態　三. 日本語化に際してこう変わる」「四. 外来語としての漢語」岩波書店
　かなり前の本ですが、英語をはじめとする外国語の単語がどのように日本語に入り込み、また入り込んだあと、どのように変わるのかをわかりやすく示しています。また、「四. 外来語としての漢語」では、日本語として違和感なく用いられている漢語も中国語からの外来語である、という見方で、その歴史や、お隣の韓国における漢語の使い方などに触れており、楽しく読むことができます。

―質問のこたえ―
質問 1
(1) 化粧：これだけが漢語だから。
　　　　　※ただしカタカナ語で書かれたものがすべて外来語とは限らないので気をつけてください。
　　　　　　（→質問 2(1)）。
(2) まもなく：これだけが違う意味だから。
　　　　　※残ったそれぞれの単語の意味の違いを考えてみましょう。「あの人、とうとう帰った。」と、
　　　　　「あの人、やっと帰った。」では意味がどう違いますか？
(3) 猫：これだけが基本レベルのカテゴリーに入るから。
　　　　　※柴犬、競走馬、アフリカゾウはそれぞれ犬・馬・象の一種です。

質問 2
(1)
・和語：花火、夏、浴衣、セミ、ヒマワリ
・漢語：帰省、休暇
・外来語：プール
　※セミとヒマワリはカタカナで書かれていますが、動植物などは和語でもカタカナで書
　　かれる場合があります。

(2)

和　語	はやさ	くだもの	はやり
漢　語	速度	果実	流行
外来語	スピード	フルーツ	ブーム

質問3
(1)
① 「する」「やる」両方使える場合、「やる」のほうがそのことをしようという意志が強い感じがあり、またやや荒っぽい感じがします。
　例：明日からちゃんと宿題をしよう。明日からちゃんと宿題をやろう。
　また衣服やアクセサリーを身に着けることを示す場合、「する」だけが使え、「やる」は使えません。
　例：今日はネクタイをする日だ。　×今日はネクタイをやる日だ。
　さらに「生きる・生活する」ことを示す場合「やる」だけが使え、「する」は使えません。
　例：こちらは元気でやっています。　×こちらは元気でしています。
② 「寒い」は温度が低い環境にいるために気分がよくないことを示し、「冷たい」は触れたものの温度が低いことを示します。
　例：最近、寒い（×冷たい）日が続く。このコーラは冷たい（×寒い）。
③ 「じょうずな」は、誰かがすることの技量や技術のレベルが高いことを示し、「得意な」はあることに対して自分が自信を持っていることを示します。「上手な」は他人への評価に対して使うのが普通なので、自分に対して使うといばっている感じを与えます。
　例：わたしはサッカーが上手です。
(2)
① 「山」のもともとの意味は、「他の地面より高く盛り上がっているところ」です。第2、第3の意味としては「高く盛り上がっている物やものごと」（例：宿題の山、書類の山）、「物事の重要なところ」（例：ストーリーの山場、試験範囲に山をかける）、「山に登ること」（例：趣味は山です）などがあります。
② 「丸い」のもともとの意味は、「物が円または球のかたちをしている」です。第2、第3の意味としてはしては「物が曲線をえがいていること」（例：背中が丸くなっている）や「性格が穏やかであること」（例：あの人は年を取って丸くなった）などがあります。
③ 「耳」のもともとの意味は「顔の左右についている、音を感じる器官」です。第2、第3の意味としては「物の端の部分」（例：食パンの耳）や、「聞く能力」（例：あの人は耳がいい）などがあります。

質問4
D（もう一度「プロトタイプ」の意味を確認した上で、日本人にとっての「犬」のプロトタイプを描いて、クラスメート同士で比べてみましょう。）

第4章　日本語の音声と教え方（1）

▼ この課の目標

"Can-do" Descriptor

日本語の音の数を知り、日本語らしい発音とはどういうものかがわかる。

質問1 それぞれの4つの音の中で、仲間はずれはどれですか。どうしてそう思いましたか。

（1）あ・お・ら・い

（2）じ・ぼ・な・ご

（3）こっき・こんき・こき・こーき

4-1　音声の基礎知識

ロン先生：今回は、日本語の音に関する理論と教え方を勉強します。まず最初の質問ですが、「音」と「音声」の違いは何でしょうか。カナさん。

カナ：ちょっと、わかりません。

ロン先生：大丈夫です。じゃあ（手を1回たたいて）今のは、音だと思いますか、音声だと思いますか？

カナ：声じゃないから、音だと思います。

ロン先生：そうですね。音というのは、耳で感じるものすべてです。それで、「音声」というのはその中で、人が発する声のこと

です。前の章でやったカテゴリー化の考え方を使えば、音声は「音」の中の下位カテゴリーです。じゃあ音声の他に、音の下位カテゴリーには何があると思いますか、ユウキくん。

ユウキ：たとえば、楽器の音とか？

ロン先生：そうですね。あと風の音とか靴の音とかいろいろありますが、基本、音は「音声」と「それ以外」に分けて考えればいいと思います。今回は「日本語の音声」について勉強するわけですが、そもそも日本語で「1個の音」っていうのは何なのでしょ

40

うか？　皆さん、これを見てください（図1）。ユウキくん、これは何ですか？

わ	ら	や	ま	は	な	た	さ	か	あ
い	り	い	み	ひ	に	ち	し	き	い
う	る	ゆ	む	ふ	ぬ	つ	す	く	う
え	れ	え	め	へ	ね	て	せ	け	え
を	ろ	よ	も	ほ	の	と	そ	こ	お

図1

ユウキ：五十音の図だと思います。

ロン先生：そうですね。「五十音」と言うくらいだから、ここには50の音が書いてあるわけです。たとえば「あ」は1個の音、「の」も1個の音です。日本語では基本的に、ひらがなやカタカナの1文字が、いちおう1つの音と考えられるわけです。次に音を数えるときの単位なんですが、紙なら1枚、2枚…。本なら1冊、2冊のように言いますが、音の場合は「拍」または「音節」

という単位を使います。2つの違いについてはあとでやります。つまり、1つの音は1拍（または1音節）、2つの音なら2拍（または2音節）というふうに数えます。じゃあ「ふでばこ」は何拍の語ですか、ユウキくん。

ユウキ：4拍です。

ロン先生：正解です。では日本語には、いったい拍がいくつあると思いますか、またユウキくん。

ユウキ：え？　五十音っていうくらいだから50ですか？

ロン先生：実はもうちょっとあります。3人で考えてください。

カナ：あ、「ガギグゲゴ」とか、テンテンがつく音があるよね。

ハルカ：じゃあ、「パピプペポ」とかも？

ユウキ：あと「ん」とか入れなくていいの？

＼　サマリー　❶　／

音の中で人が発声器官を用いて発する音を音声と言い、日本語では「拍」または「音節」という単位で数える。

日本語の拍がいくつあるか、数えましょう。（　　　）の中にひらがなを入れて数えてください。

①上の「五十音図」にあるもの

あ・い・う・え・お

か・き・く・け・こ

さ・し・す・せ・そ

た・ち・つ・て・と

な・に・ぬ・ね・の

は・ひ・ふ・へ・ほ

ま・み・む・め・も

や・（　　　）・（　　　）

ら・り・る・れ・ろ

わ

★「い・う・え・お」と重なる音は数えません。　　　＜ここまでで＿＿＿＞

②テンテンがつく字の音（濁音）とマルがつく字の音（半濁音）

が・（　　　）・（　　　）・（　　　）・（　　　）

ざ・（　　　）・（　　　）・（　　　）・（　　　）

だ・（　　　）・（　　　）

★「ざ・じ・ず・ぜ・ぞ」と重なる音（ぢ・づ）は数えません。

ば・（　　　）・（　　　）・（　　　）・（　　　）

ぱ・（　　　）・（　　　）・（　　　）・（　　　）　　　＜ここまでで＿＿＿＞

＜全部で＿＿＿＞

③ひらがな、カタカナのあとに小さい「ゃ・ゅ・ょ」が付くものも１つの音として数えます。

きゃ・（　　　）・（　　　）

ぎゃ・（　　　）・（　　　）

（　　　）・（　　　）・（　　　）

じゃ・じゅ・じょ

ちゃ・（　　　）・（　　　）

★ぢゃ・ぢゅ・ぢょは「じゃ・じゅ・じょ」と同じ音なので数えません。

にゃ・（　　　）・（　　　　）

ひゃ・（　　　）・（　　　　）

びゃ・（　　　）・（　　　　）

ぴゃ・（　　　）・（　　　　）

みゃ・（　　　）・（　　　　）

りゃ・（　　　）・（　　　　）　　　　　　　　　　　＜ここまでで＿＿＿＞

　　　　　　　　　　　　　　　　　　　　　　　　　＜全部で＿＿＿＞

④さらに大切な3つの音があります。

ん・小さい「っ」・伸ばす音「ー」＜ここまでで＿＿＿＞ ＜全部で＿＿＿＿＞

⑤以下は、カタカナ語の表記でのみ使う音なので、カタカナで書きます。これらの音のうちどれを日本語の音節と認めるかは研究者によって異論がありますが、ここではほぼ最大限のリストを挙げておきます。

ウィ・ウェ・ウォ

スィ・ズィ

ツァ・ツェ

ティ・トゥ

ディ・ドゥ

デュ

ファ・フィ・フェ・フォ

ヴァ・ヴィ・ヴェ・ヴォ　　　　　　＜ここまでで＿＿＿＞ ＜全部で＿＿＿＿＞

ロン先生：皆さん、おつかれさまでした。ここまでで大事なことは、日本語の音は「拍」という単位で数えること、そして日本語には110くらいの拍があることです。では前ページの④で数えた「最後に大切な3つ」、つまり「ん」「っ」「ー」ですが、これはどうして大切だと思いますか？　じゃあ、ハルカさん。

ハルカ：小さい「っ」の場合は、それだけでは発音できないからだと思います。

ロン先生：いい所に注目しましたね。たしかに小さい「っ」は、「切手」や「作家」みたいに、ことばの間に入ります。しかも「っ」は何か音にするのかっていうと、何も発音しないで黙っているわけです。ということは、たとえば「坂」は2拍ですが、「作家」は何拍でしょうか、カナさん。

カナ：何も言わなくても「0.何秒」かは時間が経ってるから、3拍ですか？

ロン先生：そうです。つまりこの「ん」「っ」「ー」の3つはいずれもそれぞれ、1拍として数えるわけです。実際のことばで練習してみましょう。たとえば「猛接近」は何拍でしょうか、ユウキくん。

ユウキ：ええと、「も」「ー」「せ」「っ」「き」「ん」だから、6拍ですか？

ロン先生：正解です。今やった、この「ん」「っ」「ー」の3つは、「特殊拍」と呼ばれていて、このあともっと大事になってくるので、ぜひ覚えておいてください。さて、じゃあ「質問2」に書いてあるひらがなとカタカナをよく見て、特殊拍以外に「別格で大事なもの」を見つけてください。どれでしょうか？

> **ユウキ**：うしろに小さい「ゃ・ゅ・ょ」がついてるやつじゃない？　見た目、他のと違うでしょ？
>
> **カナ**：わたしは「じ・ず」みたいに、同じ音なのに違う字で書くやつだと思う。
>
> **ハルカ**：それ、どっちも大事だけど、先生が言ってた「別格」にいちばん近いのって「あ・い・う・え・お」じゃない？

ロン先生：皆さん、答えがバラバラになりましたね。それぞれにがんばって考えたので、少しずつ合っています。わたしの答えは「あ・い・う・え・お」ですが、小さい「ゃ・ゅ・ょ」がついたものも重要で、これはあとで説明します。あと「じ・づ」「じょ・ぢょ」のようなものも大事なところで、文字の勉強をするときにまた話します。まずは「あ・い・う・え・お」について考えますが、この5つの音は、どうして別格で大事な音なのでしょうか。さっきハルカさんは「別格」に近いと言っていましたが、もう少し説明してくれませんか？

ハルカ：小さいときに、ひらがなの表を「あ・か・さ・た・な…」って読んでいったら、何か「か」も「さ」もみんな「あ」の仲間みたいに思いました。その下も「い・き・し・ち・に…」はみんな「い」の仲間みたいな感じがします。

ユウキ：自分もやりました。「か」とか「さ」とかはみんな音を伸ばすと「かー」「さー」みたく「あ」になっちゃうやつです（図2）。

```
あ a    か ka    さ sa

お o    こ ko    そ so
```

図2

ロン先生：その通りです。いま2人が答えてくれたことは、音をひらがなじゃなくてローマ字で書くとよくわかります。「あ」を a で書くと、さっきハルカさんが言っていた「か」は ka、「さ」は sa と書けます。そのまま「わ」つまり wa まで、この a は続きますし、ア行の残りの「い・う・え・お」も同じです。じゃあここで、「あ・い・う・え・お」を改めてゆっくり発音して、他の音と何か違うところに気づいたら教えてください。では、カナさん。

カナ：はい。何か「あ・い・う・え・お」は、喉からスルッと出てくるみたいな、そのまま声を出せばこの音になるような…。

ロン先生：その通りです。人間の音声は基本、喉の奥にある「声帯」というところを震わせて作るんですが、「あ・い・う・え・お」の5つは、その作った音を舌や歯などで邪魔しないでそのまま出す音なんです。この5つを「母音」と呼んでいます。言語によって母音の数は異なりますが、日本語では5つあります。つまり、110 くらい

ある日本語の音の中で、特殊拍以外の音はみんな母音が入っていることになります。さて、ではたとえば「あ」の仲間である「か」は、ローマ字にすると ka、つまりアルファベット読みをすると k と a からできているわけですが、ここで！　ハルカさん！

ハルカ：（緊張）は、はい！

ロン先生：「か」の ka から最後の a を取って最初の k だけを発音できますか？

ハルカ：えっ！？　じゃあ、ク。（喉の奥で k の音だけを出す）

ロン先生：おぉ、なかなか上手です。英語は、こういうふうに k を1つだけで音にして発音しますよね。時計の clock のような音ですね。でも 日本語はうしろに母音をつけて1つの音にしないと、それだけじゃ音にならないんです。今ハルカさんが、がんばって発音してくれた k のような音を、母音に対して「子音」と呼びます。つまり日本語の音、つまり拍は、まず「あ・い・う・え・お」のような母音だけのものと、「か（ka）」「と（to）」「な（na）」のように子音＋母音のものがあるわけです。　ではユウキくん、この他に日本語の音のパターンになるものはあるでしょうか？

ユウキ：それって、小さい「ゃ・ゅ・ょ」と関係がありますか？

ロン先生：はい、とても関係があります。

ユウキ：じゃあ、たとえば「きゃ」はローマ字だと kya で、k と a の間に y が入っているんで、ちょっと違う種類だと思います。

ロン先生：鋭いですね。 ローマ字で書くと y に当たるこの音は、ちょっと母音っぽいので「半母音」と呼んでいます。だから

「きゃ」は、子音＋半母音＋母音になりますね。それと「わ」は wa になりますが、この w に当たる音も半母音なんです。つまり「わ」は「半母音＋母音」ですね。まとめると、特殊拍を用いない日本語の拍は以下の4つになります。

①母音だけ…（例）あ・お

②子音＋母音…（例）か・と

③半母音＋母音…（例）よ・わ

④子音＋半母音＋母音…（例）きゃ・ちょ

\ サマリー ❷ /

日本語では基本的に、かな1文字が1拍に相当するが、「っ」「ー」「ん」もそれぞれ1拍と扱われ、特殊拍と呼ばれる。特殊拍以外の日本語の音は母音のみ、または母音と半母音や子音の組み合わせである。

質問 **3** 次のことばはそれぞれ何拍か、数えてください。

①高校野球

②スーパーコンピューター

③日本サッカー協会

4-3　拍と音節

ロン先生：前回までで、皆さんは拍の中に、3つの「特殊拍」があること、それから拍を構成する要素として「母音」「子音」「半母音」という音があることを知りました。この理屈を実際の発音に当てはめて考えてみましょう。まずカナさん、「最高裁判所」という単語を拍に分けて、ゆっくり言ってみてください。

カナ：「さ」「い」「こ」「う」「さ」「い」「ば」「ん」「しょ」。

ロン先生：そうですね。じゃあ、皆さんはこれから学習者に日本語を教えるわけですが、もし外国人が、今カナさんが言ったみたいに発音するのを聞いたら、どう思いますか？　じゃあ、ハルカさん。

ハルカ：そんなに1個ずつで区切らないで、と思うかもしれません。

ロン先生：そうですね、単語を発音するときに、音の間に区切りがあったら変な感じに聞こえますね。ここで、拍のことはちょっと忘れて、この「最高裁判所」っていう長いことばを、「日本人が普通に発音する感じ」に区切ってみましょう。どこで、どんな風に区切れますか？　3人で話してみてください。

ユウキ：「最高」は「さい」「こう」の2つに区切れない？

ハルカ：それでいったら「裁判所」も「さい」「ばん」「しょ」かな？

カナ：少なくとも、さっきわたしが言ったみたいに9個で区切るよりは、何となく日本語のリズムって感じがしない？

ロン先生：(3人の答えを聞いて)、そうですね。その通りです。「さい」「こう」「さい」「ばん」「しょ」で5つに区切るほうが、日本語っぽく聞こえます。じゃあ、質問3の②③も、その感じで区切ってみましょうか。じゃあ「スーパーコンピューター」はどうですか、ハルカさん。

ハルカ：はい、「スー・パー・コン・ピュー・ター」で5つですか？

ロン先生：そうです。じゃあ「日本サッカー協会」は？　ユウキ君。

ユウキ：えっと…、「に・ほん・サッ・カー・きょう・かい」で、6つですか？

ロン先生：そうです！　やっぱり皆さんは無意識にちゃんとできますね。ではこの区切り方だと、どうして日本語っぽく聞こえるか考えてみましょう。(黒板に332-4935と書く) ちょっとこの数字を、電話番号のつもりで発音してください。ユウキくん。

ユウキ：ええと、さん・さん・にい、の、よん・きゅう・さん・ごおです。

ロン先生：ありがとう。で、せっかく言ってくれたのに突っ込んじゃうんですが（笑）数字の2は「に」、5は「ご」でそれぞれ

1拍なんですが、今のユウキくんの言い方は「にい」「ごお」のように2拍でしたよね。ユウキくん、どうしてこんな発音になったんですか。

ユウキ：え？　いや、誰でもみんななるような気が…。

ロン先生：そうなんです。ある拍、たとえば「か」のすぐあとに何か特殊拍にあたる音、たとえば「ん」をつけると「かん」になりますが、これは文の中で、1つのまとまりとして聞こえるんです。このまとまり、かたまりを「長音節」と言います。残った音のそれぞれは「短音節」で、これは前から2つずつ取って発音されます。たとえば「かんきょうほぜんがかり」であれば、長音節は「かん」「きょう」「ぜん」で、残ったもののうち「がか」は2つでまとまり、つまり「かん／きょう／ほ／ぜん／がか／り」という区切りですね。日本人が「2」を「にい」、「5」を「ごお」のように発音するのは、長音節に変えて他の「3」「9」などと音の長さ、強さを合わせているのでしょうね。

あ、カナさん、どうしましたか？

カナ：すみません、「拍」と「音節」の区別がわからなくなっちゃって。

ロン先生：なるほど。「拍」も「音節」も言語音の数え方なんですが、「拍」は頭で理解する、理屈の上での音のまとまり、音節は実際の言語音を聞いたときのまとまりと思ってください。日本語ではだいたい仮名の1文字が「1拍」になって、「1拍」と「短音節」はだいたい同じ意味になります。その1つの短音節のあとに、「ん」の音、「っ」という詰まる音、「ー」という伸ばす音、

つまり特殊拍と、あとケース・バイ・ケースですが「い」「え」が付くと、優先されると考えてください。　さっきの続きで今度は文ですが、「小学校から駅まで最低15分かかります」という文の中から、長音節を探してください。じゃあ、ハルカさん。

ハルカ：はい、「しょう」と「がっ」「こう」と…。あと「じゅう」と「ふん」です。

ロン先生：そうです。他にも拍のあとに「い」「え」が付いたものも長音節になって、優先のまとまりになりますね。とすると、カナさん、あと2つありますね？

カナ：はい。「さい」「てい」です。

ロン先生：そうですね。「てい」は、字で書くと「てい」だけど、発音は「てー」だから、これはもともと長音節です。カタカナで書くと「サイテー」ですね？　じゃあ、ここでまとめましょう。上の文を2人が探した長音節に下線を引いて、残った短音節は下に「短」をつけて前から2個ずつまとめ、それぞれ区切って、ひらがなで書いてみましょうか。こうなりますね？

しょう　がっ　こう　から　えき　まで　さい　てい　じゅう　ご　ふん　かか　りま　す。
短短　　短短　短短　　　　短　　　短短　短短　短

サマリー ❸

言語音の数え方のうち「拍」は理屈の上のまとまり、「音節」は聞こ
えたときのまとまりである。1拍にあたる1つの短い音節に「ん」「っ」
「ー」「い／え」の音が付くと長音節とみなされて優先されて発音され、
残った短音節は2つずつ区切ってまとめられる。

質問4 次の文から長音節を先にとり、残った短音節を2つずつにまとめて区切っ
て、実際に3回ずつ発音してみましょう。

①この英語の教科書は高い。

②引越しのバイトをする予定です。

③学食でカレーとアイスコーヒーを注文した。

1. デパートや駅の短い放送を録音する。

2. それを字にしてみて、「質問4」でやったような長音節と短音節に分けて、日本語らしい言い方がどういうものか確認する。

3. 長音節が優先になる原則に当てはまらないものがあるか探し、それがどうして起きるかも考えて書く。

4. 録音した放送は mp3、レポートはワードにして提出する。

（所要時間 90-120 分）

次はこれを読もう

●荒川洋平 (2009).『日本語という外国語』の「第3章 日本語の音はこう聞こえる」(65 ページ～ 98 ページ) 講談社現代新書
ここには「拍」と「音節」の詳しい違いや、頭の中で似た音の区別をつける仕組みのことなどがわかりやすく書いてあります。
●末田清子・福田浩子 (2011).『コミュニケーション学　その展望と視点』の「第11章 非言語コミュニケーション (2) 非言語音声メッセージ」松柏社
「非言語」とはコミュニケーションで、ことば以外の部分、つまりジェスチャーや表情などのことです。ここでは大声か、声がかすれていないか、流れるように話しているかなど「音の調子」についてのことが述べられており、日本語教師にとって気をつけるべき事項が多く書いてあります。

―質問のこたえ―

最初 1

(1) ら　※これだけが子音で、あとの 3 つは母音です。
(2) な　※これ以外の 3 つは仮名にテンテンがついた濁音です。テンテンがつかない字の音のことを濁
　　　　音に対して「清音」と言います。
(3) こき　※これ以外の 3 つには、「っ」「ん」「ー」の特殊拍が入っています。

質問 2
本文にあります。

質問 3
①こ・う・こ・う・や・きゅ・う (7 拍)
②ス・ー・パ・ー・コ・ン・ピュ・ー・タ・ー (10 拍)
③に・ほ・ん・サ・ッ・カ・ー・きょ・う・か・い (11 拍)

質問 4
①この えい ごの きょう かしょ はた かい。
　　　短短　　　短短　　　　短短　短短

②ひっ こし の ばい とを する よ てい です。
　短短短　　　　短短短　　　　短短

③がく しょく でカ レー と アイス コー ヒー を ちゅう もん した。
　短短　短短　　短短　　短　短　短　　短　　ちゅう もん した。　短短

▼ この課の目標

"Can-do" Descriptor

日本語のアクセント、イントネーション、リズムの記述法が理解できる。

質問**1**　「2,000 円使った」という文を以下のような言い方で言うと、聞き手にどんなことを伝えられるか、考えてください。

（1）文の最後を少し低く言う

（2）文の最後を少し高く言う

（3）「2,000 円」のところを強調して言う

（4）「使った」のところを強調して言う

5-1　日本語のアクセントパターン

ロン先生：今日の授業は「あるある」から始めます。もう4回も授業を受けているから忘れていると思いますが、わたしが最初に教室に入ってきたとき、どんな日本語を話すと思いましたか？　たぶん何となくアメリカ人っぽい日本語を話すと思ったんじゃないか、と思うんですが（笑）、では「アメリカ人っぽい日本語」って、どんな感じでしょうか？　じゃあ、ユウキ君。

ユウキ：何か「わたぁーしわぁ」みたいな…（笑）。

ロン先生：そうそう、その感じで。じゃあカナさん。

カナ：じゃあ、ええと「コニチィーワ」（笑）とか？

ロン先生：あるある（笑）。じゃあ、どうしてそうなるかを考えてみましょう。(板書1)。ハルカさん、この単語を読んでください。

板書 1

ハルカ：イントゥレスティング、です。

ロン先生：その通り、はじめの "in" を強く
　　　読むんですね。じゃあカナさん、この単語
　　　はどういう意味ですか？

カナ：「おもしろい」です。

ロン先生：そうですね。じゃあユウキくん、
　　　日本語の「おもしろい」という語は、どこ
　　　を強く読むんですか？

ユウキ：えっ？

ロン先生：おーもしろい？　それとも、おも
　　　しーろい？

ユウキ：いいえ、どっちでもないと思います。

ロン先生：じゃあ、日本人代表として（笑）、
　　　正しく発音してください。

ユウキ：え？（普通に）おもしろい。

ロン先生：なるほど。じゃあユウキくん、い
　　　ま「おもしろい」を発音したとき、どこか、
　　　音がちょっと下がるところはなかったで
　　　すか？

ユウキ：え？（ゆっくりと）お・も・し・ろ・い…。
　　　あ、「ろい」のところ、「ろ」のうしろで下
　　　がりました。

ロン先生：いい観察ですね。これが日本語の
　　　アクセント、つまり単語の中で社会的に
　　　決まっている高さ・強さの配置なんです。
　　　英語のアクセントはどこを強く読むか、い
　　　わば「強弱アクセント」なんですが、日

本語のアクセントは単語の中の音が相対
的に高いか低いかで決まる「高低アクセ
ント」なんです。　だから日本語を強弱ア
クセントで発音すると、さっきのように
「おーもしろい」のようになってしまうわ
けです。この知識が、アクセントの指導の
とっかかりになります。そこで日本語には
こういった高低アクセントのパターンが
いくつあるのか、考えましょう。これから
4つの単語を書きますので、アクセントが
何種類あるか、話しあってください（板書2）。

さかな
バナナ
たまご
あずき

板書 2

ユウキ：「バナナ」は「バ」のあとで下が
　　　る気がする。

ハルカ：「たまご」は「ま」のあとだよね。

カナ：「さかな」「あずき」は別にどこも
　　　下がらない気がする。

ユウキ：でもそれなら何で先生、4つ書い
　　　たんだろう？

ロン先生：「バナナ」と「たまご」ができた
だけで、最初は十分です。残った「さかな」
「あずき」なんですが、これだけ発音して
も、カナさんの言う通り、どこも下がりま
せん。じゃあそろそろお昼ごはんなので
(笑)、それぞれに「～が食べたい」をつけ
て、言ってみてください。じゃあ「さかな」
と「が食べたい」をいっしょに言うと、ハ
ルカさん。

ハルカ：さかなが食べたい。

ロン先生：次はカナさん、「あずき」と「が
食べたい」では？

カナ：あずきが食べたい…。あっ！ (あとの2
人も「わかった」という顔)

ロン先生：カナさん、何かわかりましたか？

カナ：「き」のあとで下がりました！

ロン先生：そうですね！ 単語の中には「さ
かな」のように、2拍目がちょっと上がる
だけでどこも下がらない「平板型」のアク
セントと、どこかで下がる「起伏型」のア
クセントがあるんです。で、起伏型の中に
は「バナナ」のように最初の音の次に下が
る「頭高型」、それから「たまご」のよう
に途中の音が下がる「中高型」、そして「あ
ずき」のように、うしろにたとえば「が」
とか「を」がつくときに、音の最後が下
がる「尾高型」の4パターンがあります。
日本語のすべての単語が、この4つのう
ち、どれかのパターンに入ることになりま
す。大事なことばでも慣れないとすぐ忘れ
ちゃうし、「平板型 (例：さかな)」と「尾
高型 (例：あずき)」はどちらも音が下が
るところがないパターンなので、うしろに
同じパターンの単語をつけて、セットで覚

えるといいです。たとえば「バナナ」と「始
末」はどっちも最初の音のあとで下がる
「頭高型」なので「バナナの始末」(笑) の
ように覚えるわけです。こうやって覚える
と、同じグループに入る語を学習者に提示
するときにすぐ思い出せるから便利です。
なので、がんばって残りの組み合わせも
作ってみましょう。まず「たまご」のあと、
ユウキくんどうですか？

ユウキ：じゃあ、「たまごをゆでる」。アレ、
大丈夫かな？

ロン先生：お、いいですね。「たまご」の「ま」
のあと、「ゆでる」の「で」のあとでそれ
ぞれ下がりますね。それに実際、たまごっ
てゆでるものですから (笑)、パーフェク
トです。じゃあハルカさん、「さかな」は
どうですか？ 「の」をつけましょうか？

ハルカ：さかなの気持ち。(笑)

ロン先生：さかな、気持ち。いいですね。魚っ
て、何を考えているんでしょうか (笑)？
それはともかく、最後は「あずき」ですが、
こういう尾高型の単語は、その単語のうし
ろにまた何か付けないと、下がるかどうか
わからないから、作るのもちょっと考えな
くちゃいけませんね。じゃあ、カナさん。

カナ：じゃあ、えーと…、あずきにさわる？

ロン先生：ええと、「さわる」のあとに何か
つけて、たとえば「さわると」…。たし
かに「る」のあとが下がったから、OK で
す。ソレ、いただきます (笑)。「バナナの
始末」「たまごをゆでる」「さかなの気持ち」
「あずきにさわる (と)」。セットで覚えて、
身の回りの単語がどのパターンに入るか、
片っ端からやってみてください。あと、ど

の単語であっても、アクセントは1回下がったらもう上がらないことを覚えておいてください。何だか、やる気がない科目の成績みたいで、イヤですけどね（笑）。それから、最初の音と次の音、つまり1拍目と2拍目は必ず高さが違うことも覚えておきましょう。この規則を覚えるためのペアとして「工事の公示」「佐藤の砂糖」「石の意志」などを、実際に声に出して言ってみるといいですよ。

\ サマリー ❶ /

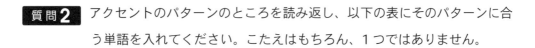

日本語のアクセントは音の高い・低いで決まる高低アクセントであり、平板型と3種の起伏型（頭高型、中高型、尾高型）に分かれる。1拍目と2拍目の音は必ず高さが違い、また1語の中で1度音が低くなったらもう上がることはない。

質問2 アクセントのパターンのところを読み返し、以下の表にそのパターンに合う単語を入れてください。こたえはもちろん、1つではありません。

	2拍の語	3拍の語	4拍の語
平板型		さかな	
頭高型			とにかく
中高型			
尾高型	花（はな）		

ロン先生：次は日本語の音をどうやって教えるか、考えてみましょう。ちょっと、これを聞いてください。（ピアノ曲を1分半ほど聞かせる）。ハルカさん、この曲を知っていますか？

https://www.youtube.com/watch?v=x-AuReQS_MzY

ハルカ：あ、はい。あたし、ピアノやってたので…。バッハだと思います。

ロン先生：よく知っていますね。これ、J.S.バッハの「平均律クラヴィーア曲集」の第1巻第2曲ですが、どんな感じに聞こえますか、ユウキくん。

ユウキ：何か♪タラララ　タラララって、同じ感じでずっと続いています。

ロン先生：その通りです。実はこれ、歌詞があります。といってもわたしが作ったんですが、今度はこれを見ながら聞いてください（図1）。わたしはアメリカで日本語を教

えるとき、授業のはじめにこれを毎回聞かせて、学生が歌えるようにしました。そうしたらけっこう、学生の発音がよくなったんですが、どうしてだと思いますか？　またまた3人で考えてみてください。

ハルカ：この曲って、音の長さが全部同じだよね。

ユウキ：そこに日本語の音が1つずつ乗ってるから…。

カナ：音が1つって、前にやった「拍」が1つっていう意味？

ロン先生：皆さん、いいところを突いています。これは日本語の拍の感覚をつかむのに、とてもいい「歌」なんです。ここは音楽教育と日本語教育が重なるところです。音楽教育では、メロディーを聴きながら、手を叩いて拍の感覚を身につけさせます。日本

平均律クラヴィーア曲集 第1巻第2曲 ハ短調 プレリュード

J.S. Bach

図1

語教育でも手を叩いて聞かせる指導はやっているんですが、手を叩きながら「や・き・そ・ば」とか言うと発音が聞こえなくなっちゃうので、わたしはあまり勧めません。それよりはまず、学習者に教師の歌を聞かせて、それから１拍を１音で正しく発音してもらうほうがいいと思います。じゃあ音楽の話で、質問をもう１つ。皆さん、カラオケに行くことがあると思いますが、歌が下手な人っていますよね？　でもその「下手さ」にもいろいろあると思うんですが、どんなときに下手に聞こえるんでしょうか、カナさん。

カナ：たとえば、正しい音程で歌えていない、とか？

ロン先生：下手さの基本（笑）ですね。ユウキくん、他には？

ユウキ：友だちがそうなんですが、バックの演奏に合っていなくて速すぎたり、逆に遅かったりとか。

ロン先生：なるほど、スピードの問題ですね。他には？　ハルカさん。

ハルカ：ちょっと違うかもしれませんが、自分の好きな歌を他の人に歌われたとき、そこは気持ちを込めて歌ってほしい、って思うところをサラっと流されると、何かわかってないなーとか、ちょっと偉そうに思っちゃいます。

ロン先生：なるほどね。今言ってくれたことが、次の説明と関連してきます。今まで拍やアクセントなどについて勉強してきましたが、上手な発音を決める要素は、他にもまだあるんです。あと２つ、やっておきましょう。これと、これです（板書３）。ま

ずハルカさん、<u>イントネーション</u>って、何でしょうか？

板書３

ハルカ：何か音に関係することで聞いたことがあるような気がするんですが…。ちょっとわからないです。

ロン先生：でも聞いたことがあるんだったら、立派ですね。たしかにアクセントもイントネーションも音声に関係する単語なんですが、違うものなんです。じゃあ、ヒントです。関西弁という名前の方言があるように、アクセントって地方によって変わりますよね？　でも、イントネーションは日本語なら日本語の中で、地域や話す人によって変わらないものなんです。何でしょうか、ユウキくん。

ユウキ：何だろう…。大事なところをハッキリ言うとか？

ロン先生：おぉ、それはこの次にやる「プロミネンス」なんです。じゃあ次のヒント。わたしの指の動きを見てください（指を「～」のような形にする）。あ、ハルカさん、わかりましたか？

ハルカ：何かを確かめるときは「でしょ？」みたいに上がるとか、そういうことですか？

ロン先生：そうです！　<u>イントネーション</u>は「抑揚」とも言うんですが、単語ではな

く、文の全体についた「上がる・下がるのパターン」のことです。たとえば、文の終わりが上昇するイントネーションは、質問とか疑いなどをあらわしますね。これは「そこで言われていること」の判断、つまり実際そのことがどうなのかを、聞き手の側に委ねるパターンです。そして下がるほう、つまり文の終わりが下降するイントネーションの場合は、今度はその判断を、話し手自身が引き受けていることになります。具体的には「もうバイト辞めます」のように自分の気持ちや意思を伝えたり、「ここ、危ない」のように、何か新しい情報を伝えたりするときにこうなります。　逆に今の２つを、上昇の調子でわたしに言ってみてくれませんか、まずハルカさん。

ハルカ：もう、バイト、辞めます？

ロン先生：そう。このイントネーションだと、辞めるかどうかの判断はハルカさんにじゃなくて、聞き手であるわたしのほうに決定権があるみたいでしょう？　あと、今ハルカさんは、「もう」「バイト」のあとに上手にポーズ、つまり休止を置いてくれましたが、これも気持ちを伝えるときの大事な要素になりますね。次に「ここ、危ない」のほうですが、これを下降の調子で言うとどうなりますか？　カナさん。

カナ：ここ、危ない。

ロン先生：そうですね。今度は危ないかどうかは、話し手であるカナさんが判断を下す感じですね。では上手な発音を決めるもう１つの要素である、「プロミネンス」を考えましょう。では、ユウキくん。プロ

ミネンスとは、何でしょうか？

ユウキ：ハイ！　大事なところを強調することです！

ロン先生：そうですね！　プロミネンスは「卓立」とも言い、強く言ったり、音を高くしたりすることが代表的な例です。プロミネンスが置かれる部分は、まず相手に新しい情報を伝えるところです。相手がはじめて知る、聞きたいと思うところだから当然ですね。それから自分が確認したり、聞き手に覚えたりしてほしいところ、つまり話し手が大事だと思うところにもプロミネンスが置かれます。　プロミネンスの日本語訳である「卓立」の「卓」というのは「食卓」ということばでわかる通り、テーブルのことです。そんなところに立てば、目立つに決まっていますね。何語であっても、その場で何が大事な情報かというのはわかるので、ことばの勘が優れた学習者であれば、プロミネンスは拍やアクセントほどは苦労しません。むしろ教師のほうがそれぞれの文におけるイントネーションやプロミネンスに敏感である必要があります。ちょっと次の「質問３」で、練習してみましょう。

サマリー ❷

　　イントネーションとは単語ではなく、文全体の音の高低のこと。日本語では特に文末の音の高低を示し、上昇調・下降調がある。またプロミネンスとは話しことばのある部分を、話し手の意志によって強調すること。

質問3 ①次の文について「相手に聞く上昇調」「自分が説明する下降調」「自分が納得したときの下降調」でそれぞれ言ってみましょう。

山田さんが公園で猫を見かけたの。

②同じ文について、それぞれの下線部を強く読み、それを答えの文として、どんな状況に対する答えなのか、考えてください。

<u>山田さんが</u> <u>公園で</u> <u>猫を</u> <u>見かけた</u>の。
　　A　　　　　B　　　C　　　D

5-3　フットと音節

ロン先生：この2回の授業で、けっこう音声に関することは勉強できたと思います。最後にまとめをしておきましょう (板書4)。単語のレベルで日本語の音を分析すると、右のような考え方になります。この中で知らない単語はありますか、ユウキ君。

拍（モーラ）
↓
音節〈長い／短い
↓
フット
↓
語彙アクセント

板書 4

ユウキ：ええと「フット」というのはちょっとわかりません。

ロン先生：そうですか。じゃあこれから、「フット」を理解することを目標に、それぞれのことばの関連を考えていきましょう。ただユウキ君、「フット」ってぜんぜん知らないことばじゃないですよね？「フットボール」でもわかると思いますが…。

ユウキ：あ、自分が知っているのは「足」という意味です。

ロン先生：ハイ、その知識だけでいまは十分です。じゃあいちばん上の「拍」から復習しましょう。拍というのは、日本語で1つと考えられる音の基本的な単位でしたね。たとえば「戸（と）」は1拍、「イカ」は2拍です。一方、音節は、耳で実際の音を聞いたときに1つと考えられるまとまりです。前の授業でも少しやりましたが、日本語の音節には、1拍に相当する「短音節」と、短音節に「っ」と表記される詰まる音（促音）、「ん」で表記される撥音、そして「ー」で表記される伸ばす音（長音）などがついた長音節があります。ある単語が短音節だけでできている場合は、拍で数えても音節で数えても、音の数は同じです。つまり「戸」は1拍・1音節、「イカ」は2拍・2音節です。ここで、さっきの「イカ」の真ん中に小さい「っ」を入れてみましょう。何ていう単語になりますか、ハルカさん。

ハルカ：ええと、「一家（いっか）」？

ロン先生：そう「一家」ですね。これ、拍だと「い」「っ」「か」、つまり発音しない小さい「っ」も1つの音と考えるので3拍です。ところが音節の場合は「いっ」が1つ

の長音節、「か」が1つの短い音節なので、「一家」は3拍・2音節の語です。つまり、拍の数え方とズレが出るわけです。じゃあさらに、「いっか」に「ん」をつけて、「一巻」にしてみましょう。3人で、これは何拍なのか、また何音節なのか、数えてください。

ユウキ：拍は1文字で1拍だから「い」「っ」「か」「ん」で4拍。

カナ：そうだよね。音節だとさっきと同じで「いっ」で長音節。

ハルカ：何かの音のあとに「ん」がつくのも長音節じゃなかったっけ？

ユウキ：じゃあ答えは、「いっかん」は拍で数えると4拍・2音節。

ロン先生：おつかれさまでした、正解です。拍は1つずつ指で数える感じですが、やっぱり実際に言ったり聞いたりするときは「いっ」「かん」っていうふうに2つに分けられる感じですよね。これで、拍と音節の違いと、それぞれの数え方はわかったでしょう？ じゃあ、次はフットです。さっきユウキ君が言った通り、意味は「足」で、人間の足は2本ですよね。ここからきたことばで、日本語の単語は2拍ずつ前から音をとるのが基本という意味です。たとえばこれ（とデジカメを見せる）、正しい言い方は「デジタルカメラ」ですね。ハルカさん、拍はいくつですか？

ハルカ：ええと、7拍です。

ロン先生：そうですね。で、普通に発音すると、リズムとしては「デジ・タル・カメ・ラ」という感じになりますね。これがフットの

理屈です。　俳句の5-7-5のリズムっていうのも、フットの考えが反映されています。つまり5っていうのは2-2-1、7っていうのは2-2-2-1のリズムに分解できるわけです。ただ文には意味があるので、さっきの「デジタルカメラ」に「です」を付けても「デジ・タル・カメ・ラで・す」にはなりませんね。やっぱり「デジ・タル・カメ・ラ・です」

という音の取り方になります。基本的には、長音節と「短音節＋母音」「です」「ます」が優先され、それ以外は2拍ずつまとめられると覚えればいいでしょう。あとは個々のケースをよく観察するといいですね。たとえば「凍った（こおった）」は「こおっ」という3拍で1音節になっています。

\ サマリー ❸ /

フットとは2拍で形成される日本語のリズム単位のこと。優先される部分の順を考えて指導すると、日本語らしいリズムの音になる。

質問4 例にならって、以下の (1)(2) を１つずつの音（単音）、拍、音節、フットの
レベルでまとめ、拍と音節の数を書いてください（表記をわかりやすくす
るために、単音はローマ字で書いてあります）。

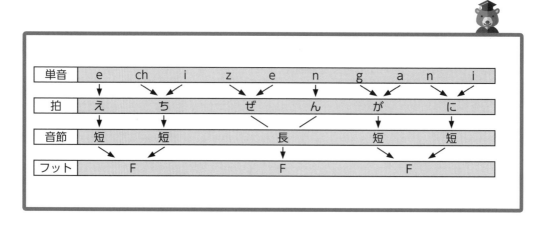

例：越前ガニ…6拍、5音節

(1) 多摩動物公園

(2) 学食、行かない？

アクティブラーニング　Active Learning

1. 日本語のテレビドラマで会話のシーンを２分間録画し、そこで話されているセリフを文字に
しなさい。

2. そのセリフを音節で分け、さらにアクセントをつけなさい。アクセント記号のつけ方は下記
を参考にしなさい。

ミ┐ドリ、オガ┐シ、
ヤスミ┐、サクラ。

3. 完成したら同じ科目を履修している友人にそれを実際に読んでもらい、正確に記述されてい
るかどうかを確認してもらいなさい。その友人の署名をつけて提出すること。また留学生の友人
がいる場合は、その人にも読んでもらいなさい。

（所要時間 180 分）

次はこれを読もう

● 河野俊之 (2014).『日本語教師のための TIPS77 ③　音声教育の実践』の「Chapter 1, 4, 5」くろしお出版
　この本は現職の日本語教師の勉強の本で、本書とこの本の間には 3 段階くらいレベル差があります。まずは Chapter 1 の「2. 発音がいい学習者とはどういう学習者なのか考えよう」「7.「分かったけどできない」について考えよう」を読んで、音声教育の本質を探りましょう。それから Chapter 4 で、本書では触れなかった日本語の発音記号を勉強し、最後に Chapter 5 で指導法のうちシャドーイングとディクテーションについて学べば、知識が立体的になり、もっとこの分野への興味がわくことと思います。

―質問のこたえ―
質問 1
(1) 文の最後を少し低く言う・・・自分がそうした、と伝える
(2) 文の最後を少し高く言う・・・相手がそうしたのか、とたずねる
(3)「2000 円」のところを強調して言う・・・いくら使ったのかを明確にする
(4)「使った」のところを強調して言う・・・2000 円をどうしたのかを明確にする

質問 2(解答例)

	2 拍の語	3 拍の語	4 拍の語
平板型	水（みず）	さかな	サトイモ
頭高型	猫（ねこ）	タヌキ	とにかく
中高型		そば屋	はみ出る
尾高型	花（はな）	こころ	弟（おとうと）

質問 3
①（省略）
②　　　A.「山田さん」に強調をおいた場合・・・誰が猫を見かけたか、に対する答え
　　　　B.「公園で」に強調をおいた場合・・・どこで猫を見かけたか、に対する答え
　　　　C.「猫を」に強調をおいた場合・・・公園で何を見かけたか、に対する答え
　　　　D.「見かけたの」・・・山田さんが公園で何をしたか、に対する答え

質問 4
(1) 多摩動物公園・・・10 拍　7 音節
(2) 学食、行かない？・・・8 拍　7 音節

第6章　日本語の表記と教え方

▼ この課の目標

"Can-do" Descriptor

日本語の表記の特徴と教え方について理解できる。

質問1　下の広告を見て、使われている文字の種類をすべて答えてください。

東北大学未来科学技術共同研究センター　**川島隆太教授**監修

脳を鍛える大人のDSトレーニング™

©2005 Nintendo

6-1　3種類の表記とその用法

ロン先生：今回のテーマは日本語の文字とその教え方ですが、これに関していいニュースと悪いニュースがあります。どっちを先に聞きたいですか？　ハルカさん。

ハルカ：じゃあ、先に悪いほうを聞いておきます（笑）。

ロン先生：悪いほうですね。それは日本語の文字は、学ぶのも教えるのも実に難しいということです。ことばの音を文字にして書きあらわすことを「表記」と言うんですが、日本語の表記は、世界の言語でいちばん難しいものの1つです。これは間違いないです。たとえば上の「質問1」にある題名の文字を、カナさん、ぜんぶひらがなにして黒板に書いてください（板書1）。

64

のうをきたえる
おとなの
でぃいえす
とれーにんぐ

板書1

DS의 두뇌를 훈련 하는
성인을 위한 교육

板書2

カナ：はい…。こうですか（板書1）？

ロン先生：ありがとう。さてユウキくん。もしこの広告の文字がこんなふうだったら、どう思いますか？

ユウキ：何だか、子どもっぽい気がします。

ロン先生：なるほど。じゃあ全部カタカナだったらどうでしょうか、ハルカさん。

ハルカ：(自分で書いてみて) 何だかチカチカして、読みにくいっていうか…。

ロン先生：そうですか。でもそれは、慣れの問題なんです。日本語の表記は、この広告のように、ひらがな・カタカナ・漢字と3種類の表記を使う「漢字かな混じり文」が標準です。多くの言語では、たとえば英語のアルファベットのように、表記に使う文字は1つだけです。韓国語もハングルという1種類の字だけです。たとえばこの広告をハングルで書くと、こうなります（板書2、先生がスラスラ書くので3人ともびっくり）。別に1種類の表記だけでも、子どもっぽい感じはしないでしょう？　じゃあ話を戻して、いいニュースのほうですが、ユウキくん、何だと思いますか？

ユウキ：えっ？　じゃあ逆に、日本語の表記はすごく面白いとか？

ロン先生：そうなんです！　英語では「やりがいがある」っていうのを challenging と言うんですが、日本語の表記、特に漢字くらいチャレンジングなものは、ちょっとないくらいです。ですから日本語教師を目指す皆さんは、

・日本語の表記は難しい
　でも
・上手に教えれば学習者は大好きになる

ということを覚えておいてください。そこで漢字が大好きになった人の一例として、これからわたしと同じように、アメリカ人で日本語を教えている人のビデオを見ましょう。この人はおそらく、世界でいちばん漢字ができるアメリカ人だと思います。

https://www3.nhk.or.jp/nhkworld/en/tv/japaneasy/busensei/01.html

カナ：この人、着物とか着て、ちょっと
　　　和の世界に行っちゃってるよねー。

ハルカ：でもうしろの本、すごいよ。あれ、
　　　　全部読んだのかな？

ユウキ：「亀」って、もともとこういう由
　　　　来だとか、全然知らなかったし…。

ロン先生：では悪いニュース、いいニュース
とも出たところで（笑）、授業に入りましょ
う。まず表記を学ぶ順番なんですが、小学
校ではどれを最初に勉強しましたか？
ユウキくん。

ユウキ：たしか、ひらがなだったと思います。
幼稚園でやってきた子もいたし。次がカタ
カナで、最後に漢字。

ロン先生：そうですか。たしかに日本語教育
でもひらがな→カタカナ→漢字 の順で教
えるのが普通ですね。では次に、この３種
類の表記って何か互いに関係があるんで
しょうか？　たとえば、ひらがなの「せ」、
カタカナの「セ」、それと漢字の「世」っ
て似ていますよね？「も・モ・毛」もそう
です。この３種類の中で、いちばん古い字
はどれでしょうか、ハルカさん。

ハルカ：やっぱり、漢字ですか？　中国四千
年の歴史とか言うし（笑）。

ロン先生：そうですね、漢字です。ひらが
なもカタカナも、漢字から作った字なん
です。ということは、漢字が入ってくる
前、日本語には文字がなかったことにな
ります。最初は、いまひらがなで書いて
いる文字も全部漢字でした。たとえば「は
じめのとし」ということばは、今は「初
めの年」と書きますね。でも７世紀ごろ

はこれを「皮斯米之刀斯」って書いてい
ました。漢字は音だけを使って意味は考
えないことにしていたので、この表記の中
の「米」とか「刀」とか、そういう意味
は全然なかったんですよ。それから漢字
の形をくずしてひらがなが、そして主に
漢字の一部を使ってカタカナが生まれた
わけです。　というわけで、今も３種類の
表記が使われているわけですが、日本語
の学習者は、それぞれの表記をどんなと
きに使うかについて疑問を持ちます。だ
からこの大まかな規則も教えなければい
けません。３人で、ひらがなはいつ使う
か、カタカナはどんなときに使うか、漢字
はどうか、ちょっと話してみてください。

ハルカ：（日本語の教科書を見ながら）「は」と
　　　　か「と」とか「です」は、ひらがなだ
　　　　よね。

ユウキ：カタカナは外来語に使うんで
　　　　しょ？

カナ：でも aiko の歌で「カブトムシ」っ
　　　ていうのがあるけど、あれはカタカナ
　　　だよね？

ユウキ：あ、そうかも。じゃあ漢字は？

ハルカ：「学校」とか「教室」とかそうだし、
　　　　「教える」とかはひらがな混ぜてるし。

ロン先生：よく観察していますね。表記をど
う書くかという決まりを「正書法」と言い
ますが、日本語はそれがきっちり決まって
いないので、原則は「だいたいこんなとこ
ろ」っていう感じです。まず漢字を使う
ことばですが、まず間違いなく漢字になる

のは、「荒川」「小島」「佐藤」などの苗字です。それから、山・川・学校など、普通の名詞も漢字で書きますね。あと「行く」「高い」のような動詞や形容詞は、語幹という活用しないところは漢字で、うしろの活用するところは、ひらがなで書きます。ひらがなは他に「は」「で」のような助詞、「それから」「ときどき」のような接続詞や副詞などに使います。　このナントカ詞というのは文法の授業でまた解説しますね。ではユウキくん、カタカナは?

ユウキ：外来語とか、あとあの「ドカーン」みたいな音もそうです。

ロン先生：そうです。こういう、音や態度、気持ちなどを音で表したものを擬声語とか擬態語、最近は「オノマトペ」って呼ぶんですが、あれもカタカナで書く場合がありますよね。特に習っていなくても、日本人はこうやって普通に使い分けているわけです。でも学習者には、ある程度のルールを教えておかないと「脳を鍛える大人のDSトレーニング」を「ノウ尾北える音名野DSとれーニン具」のように書いちゃうかもしれません(笑)。では次の質問です。この単語、ハルカさん、読んでください(ホワイトボードに "know" と書く)。

ハルカ：「ノウ」です。

ロン先生：そうです。発音もいいですね。でもハルカさん、どうしてこれは「クノウ」じゃないんでしょうか?

ハルカ：え?　ただそういうものだと思っていました…。

ロン先生：そう思っている人はアメリカ人にもたくさんいますよ。昔はクノウって読ん

だんですが、いろんな事情で発音のほうが変わったので、ズレが起きたわけです。つまりスペリングのほうが、もとの音を生かして残っているわけです。では、これと同じように、単語の表記とそれを発音したときのズレがある例を、日本語で探してください。まず、カナさん。

カナ：「ダレダレは」の「は」は、「わ」って発音します。

ロン先生：そうですね。「ドコドコへ」の「へ」も「え」ですよね。「ナニナニを」は発音は同じだけど、ワ行の「を」を使うのはこれだけなんで、ちょっと違いますね。他には?　ユウキくん。

ユウキ：合っているかどうかわからないんですが、たとえば「丁寧」って「い」を使って書いているけど、読み方は「テーネー」ですよね。これは、いいんですか?

ロン先生：それ、わたしがこれから言おうと思っていたことです(笑)。「おとうと」とかも「おと『う』と」って発音しないですよね。お・こ・そ・と…、と続くオ列の伸ばす音を書くときは「う」を付けるのが普通ですが、例外もあります。そのうち、初級の日本語教育で取り扱うものには・おお(大)きい・おお(多)い・とお(遠)い・とお(通)る・とお(十)の5つがあります。あと、エ列の伸ばす音を書くときは「い」を付けます。初級の日本語の例外はほぼ「おねえ(姉)さん」だけです。　指導するときに役立ててください。

＼ サマリー ❶ ／

日本語にはもともと文字がなく、漢字をもとにひらがな、カタカナが生まれて、今ではそれぞれの用途を持つ。また、かなの表記には実際の発音とズレがあるものがあり、学習者用にその例外を覚えておくことが必要。

質問2 教え手が文や単語などを読み上げ、学習者がそれを文字にする活動を「ディクテーション」と言います。ペアで読むほう・書くほうに分かれて、以下の文をひらがなでディクテーションして、学習者がどんなところを間違えやすいか確認してください。

①斉藤さんのお姉さんが大きい通りを歩いています。

②お父さんは遠くの公園へ散歩に行きました。

6-2　漢字のシラバスと教え方

ロン先生：次は、日本語の文字の中でいちばん種類が多くて難しい、漢字について考えましょう。世界には何十億人もの人がいますが、漢字を使う人、使わない人がいます。漢字を使う国とか地域のことを「漢字圏」と言うんですが、日本以外だと、たとえばどこでしょうか、カナさん。

カナ：すぐ浮かぶのは、中国です。

ロン先生：そうです。漢字が生まれた国ですからね。あとは、ユウキくん。

ユウキ：じゃあ、台湾？

ロン先生：正解です。中国本土の漢字は、もともとの形よりシンプルになっていて、これを簡体字と言います。一方、台湾のほうはもともとの漢字を使っているので、こちらは繁体字とか正体字と読んでいます（表1）。香港も繁体字です。あと韓国やベトナムはいわば歴史のなごりとして漢字を使っているので、いちおう一種の漢字圏と言えます。あと冗談ですが、カナダのバンクーバー。

3人：ええっ？

日本語	簡体字	繁体字
電話	电话	電話
人気	人气	人氣
放題	放题	放題
結婚	结婚	結婚
交通	交通	交通
天気	天气	天氣
脳	脑	腦

表 1

ロン先生：もう住民の半分が中国からの移民になっていて、カナダの大都市ですが、もう町中が中華街みたいなものです（写真1）。あと、シンガポールのように中国系の住民が多いところでは、中華系の学習者はもちろん、そうでなくても学習者が漢字について知識があるケースが多いので、日本語の勉強には有利です。では逆に漢字圏じゃない人、つまり<u>非漢字圏</u>の学習者に漢字を教える場合、漢字について「何」を教えたらいいのか、つまり漢字のシラバスについて、考えてください。

写真 1：バンクーバー郊外の看板
(Material republished with the express permission of: National Post, a division of Postmedia Network Inc.)

カナ：読み方と意味は、先生がもう言ったよね？

ハルカ：読み方は音読み・訓読みがあるし。

ユウキ：あの、ニンベンとかそういうやつは何て言うんだっけ？

ハルカ：(スマホで調べて)「部首」じゃない？でもそんな細かいことまで教えるかなあ？

カナ：書き順は？

ユウキ：それもどうかなー。

ハルカ：たとえば「山」だったら「山登り」とか、それを使った単語とかを覚えたら役に立つんじゃない？

ロン先生：じゃあハルカさんが挙げた「山」で考えてみましょうか？　この漢字は

①「やま」または「サン」という読み方ですね。で、

②意味は英語で言うと mountain, つまり地面がうんと高く盛り上がっているところですね。

③部首は、この漢字はないですね。

④書き順は、きれいに書くためには必要なんですが、今は漢字を手書きで書くよりも、キーを打ったりとか画面にタッチしたりして選ぶので、その練習をしたほうがいいですね。大事なのは、この漢字

を入力するときに発音とアルファベットを一致させて、y-a-m-a と正しくキーをローマ字打ちして変換できるかどうかです。そういう点では、漢字指導と音声指導って、けっこう近いんですよ。⑥最後は、それを使ったことば、つまり熟語を教える必要がありますね。では「山」の熟語って、何でしょうか、ユウキくん。

ユウキ：登山とか？

ロン先生：いいですね。熟語についても初級向けを選んで教えるほうがいいです。他に「初級向け」の山の熟語ってありますか、ハルカさん。

ハルカ：あの、熟語って言えるかわかりませんが、山田とか大山とか、人の苗字に多く使われると思います。

ロン先生：そうですね。あと都道府県名でも多いですね、山口とか岡山とか。そういうのも考えるといいと思います。つまり、漢字のシラバスをまとめると、①読み方 ②意味 ③部首（必要な場合） ④書き順（簡単に） ⑤ローマ字から漢字に変換する練習 ⑥熟語 ということになります。じゃあシラバスがわかったら、次はカリキュラム、つまり教え方です。この「山」っていう漢字を楽しく覚えてもらうには、どうすればいいでしょうか、ユウキくん。

ユウキ：やっぱり、山の写真を見せて、実際に漢字を書いて、これがこの漢字になった、って教えるのが興味を引くと思います。

ロン先生：そうですね。物や人の姿を点とか線とかで表した文字を「象形文字」と言います。これはわかりやすいし、興味を引きますね。あと数や方向を表した指事文字、

つまり一とか上とかも簡単ですよね。でも漢字の数から考えるとその２つはそんなに多くないんで、漢字を覚えるのは、やっぱり漢字圏じゃない学習者にはすごく負担なんですよ。早稲田大学で教えていた川口義一先生は、楽しく漢字を覚える方法として、イメージを使うものを提案しています。たとえば、この漢字の音と意味は何ですか？　ハルカさん。

町

ハルカ：読み方は「まち」と「チョウ」で、意味は、村より大きくて市より小さいところだから、英語だとタウンですか？

ロン先生：おぉ、パーフェクトですね。この町っていう漢字の左側は、田んぼの「田」と同じで、四角く整備した農地ですね。で、右側ですが、歴史的には「くぎを横から見たところ」が少し形を変えたものらしいんです。たしかにそう見えなくもないんですが、じゃあどうして町にくぎがあるのか、わからないですよね。そこで、川口先生は左側の「田」は４つのビル、右側の「丁」は大通りとその下を流れる川、という説明で教えていらっしゃるそうです。これなら学習者にもわかりますね？　実際、わたしもこの字はそうやって覚えていました。そこで、これから10分で、初級で習う漢字を１つ選んで、何か面白い教え方を考えて、発表してください。

ロン先生：(10分後) どうでしょうか、まず

カナさん。

カナ：わたしは「光」にしました。下の2本はテーブルの脚で、横の線はテーブルの板で、そこにロウソクが1本あって、それで斜めの線は明かりを表している、みたいなイメージです…。ダメですか？

ロン先生：ダメどころじゃなくて、すごくいいです。今度教える機会があったら、今の方法をぜひ使わせてもらいます。次は、ハルカさん。

ハルカ：あたしは「空」です。空って、上か下かっていったら、上ですよね。それで、漢字の「ウ」と「エ」が両方入っています。すごく変なんですけど…。

ロン先生：おぉ、たしかに！

ハルカ：それで、上は英語で high（ハイ）なんで、その「ハ」も真ん中にあります。

ロン先生：すごい！　全部説明できますね。漢字をパーツに分けて、音と組み合わせたのが非常に優れていると思います。じゃあ最後は、ユウキくん。

ユウキ：ええと…、「駅」にしました。左は「馬」で、やっぱり昔は電車がなかったから、交通手段は馬で、馬が休むところにして…。

ロン先生：あぁ、たしかに。それで？

ユウキ：右のほうは、電車の JR の「R」ということで（笑）。

ロン先生：ホントだ！（聞いていた3人が拍手）

\ サマリー ❷ /

漢字のシラバスでは日本語の音を適切にローマ字入力して、変換候補の中から正しい漢字を選ばせる方法が大切。また非漢字圏の学習者には、漢字の概念と楽しく学ぶための学習法が必要となる。

質問3 初級で教える漢字を選び、上の3人と同じように学習者に対するわかりやすい教え方を考えてクラスで発表してください。

ロン先生：ハルカさん、自分自身で漢字をいくつ知っていると思いますか？

ハルカ：いくつ知ってるかはわからないんですが、今はもう手で漢字を書くことがほとんどないんで、どんどん忘れていると思います。見ればわかるんですけど。

ロン先生：なるほどね。外国人が受ける日本語能力試験でも、漢字を書かせる問題はありません。公表はしていないんですが、いちばん易しいN5というレベルでは漢字は約100字、いちばん上のN1で1,850字くらい学習して、少なくとも形と読み方、そして関係する熟語を知っていることが合格の目安になります。カナさんは「常用漢字」って、聞いたことはありますか？

カナ：はい、高校の国語で習いました。普通に日本で生活するのに必要な漢字で、2,136あります。

ロン先生：正確に覚えていて、すごいですね。

カナ：「兄さん（213）も、む（6）ずかしい」って覚えるって習いました。

ロン先生：あぁ、なるほど。いずれにせよ、満点でなくてもN1に合格すれば、常用漢字の80パーセント以上は抑えたことになります。もし皆さんが日本語教師になったら、最初に担当するレベルは初級のクラスでしょうから、まずはかなでも漢字でも「導入をきちんとすること」が大切ですね。最初の導入といえば、ひらがな・カタカナは漢字の前に来るんですが、ちょっと皆さん、このカードを見てください。これはオーストラリアで作られたひらがなの教材です。こういう大きめのカードに文字や数字を書いて読ませるものを<u>フラッシュカード</u>と言うんですが、このフラッシュカードの意味は何か、3人で考えてください。

Curriculum Corporation(1999). *Hiragana in 48 minutes Second Edition:* Teacher Set

---

ハルカ：右上のところがナイフみたいになってない？　黒いところが、握るところで。

ユウキ：それで、「か」の残った部分を切ろうとしてる？

ハルカ：囲んだ部分ってトマトか何か？

カナ：じゃあ、つまり「か」は「ナイフでカットする」の「カ」？

ロン先生：おつかれさまでした。これは、ひらがなの形を絵に見立てて、その絵から連想する英語の音とひらがなの音を組み合わせたものです。英語でいうとカナさんが言った通り *ka for cuts*、つまり「カットの『か』」となります。この教材は "Hiragana in 48 minutes"、つまり「48分で覚えるひらがな」という名前で、カタカナ版も出ています。まあ、英語を使う国の

人じゃないと使えないんですが、日本語は漢字も含めて文字が複雑ですから、このようにすぐ覚えられる教材は役立ちます。

ユウキ：ホントに48分で覚えられるんすか？

ロン先生：無理っす（笑）。48分かけて、まず教師が1回見せるんです。そして、家で見ることを宿題にして、次の時間にまた見せると、半分くらいはわかるんですよ。また次の授業で見せるということを繰りかえすと4回目か5回目にはほぼ全員、書くほうはできないけど、読めるようにはなります。こういう覚え方は「視覚化と連想 (visualization and association)」といって、世界中で使われている方法です。実際の授業で使う場合、どんなことに気をつけたらいいでしょうか、ハルカさん。

ハルカ：あの、あたしは背も小さいし、教室でカードを1枚ずつ見せると腕が疲れちゃうんで（笑）、写真みたいにしてスマホに配信しちゃうほうがいいと思ったんですが、アリですか。

ロン先生：アリです（笑）。昔はこういう大きいカードを次々にクラスでめくってみせるとダレダレ先生の名人芸とか（笑）言われたものですが、今ならパワーポイントで見せるほうが簡単だし、タブレット端末への応用もできます。昔からの教材もアプリにすればたとえば音や熟語が出せますから、新しい技術はどんどん取り入れてほしいですね。

＼ サマリー ❸ ／

非漢字圏の国ではイメージで漢字を学ばせる教材もある。フラッシュカードなど今までの漢字教材もITの進展にともない、改善していく必要がある。

質問 4　以下の写真は、正しいカタカナの形と、学習者が書いた正しくない形を並べたものです。「エ」「サ」「シ」を例に、どのように書いたらもっとよくなるか、考えてください。

アクティブラーニング　Active Learning

日本語の「変体仮名」について、①その意味（定義）②どのような例があるかについて600字程度でまとめ、実際にそれが使われている例を撮影して添付の上、提出しなさい。

（所要時間 120 分）

次はこれを読もう

● 石田敏子 (1995).『改訂新版日本語教授法』の「第8章　日本の文字とその指導」大修館書店
本章で習った内容のちょうど「一歩先」が出ているので、学習を深めるのに最適です。特に第4節「文字の導入」第5節「漢字教育」の記述は具体的でわかりやすく、現場に出る前には必ず目を通しておきましょう。また文字の教え方は語彙の教え方と直結するので、余裕があればその次の「第9章　日本語の語彙とその指導」も読んでみてください。

―質問のこたえ―
質問1　ひらがな、カタカナ、漢字、アルファベット

質問2　◇間違えやすいところに下線を引いてあります。
①さいとう さんのおねえさんがおおきいとおりをあるいています。
※「さんの」は「さの」と書いてしまう学習者が多くいます。
②おとうさんは とおくのこうえんへさんぽにいきました。
※最後のところは意味がわからないと学習者は「にー」と書いてしまう場合があります。

質問3
教え方、覚え方を工夫するとともに、象形文字の成り立ちや、それぞれの部首（へんやつくり）の意味も改めて確認しておきましょう。

質問4
・「エ」は横の線の長さが違うこと（同じだと漢字の「工」に近くなる）と、縦の線は横の線より短くなることに学習者が気をつけるように教えてください。
・「サ」は右の縦の線が左より長く、またまっすぐではなく左寄りになるように指導します（縦線が同じ長さだと「くさかんむり」に見えてしまいます）。
・「シ」はバランスが悪いと「ツ」に見えてしまいます。これは「ソ」「ン」についても言えるので、「ソンシツ」をうまく書けるように練習させる方法が勧められます。

第7章　日本語の文法と教え方（1）

▼ この課の目標

"Can-do" Descriptor

日本語の文型とその教え方について理解できる。

質問1 中学校の英語の授業を思い出して、以下の（　　）に文法用語を入れてみましょう。

(1) 現在進行形は be 動詞に動詞の（　　　　　　）をつける。

(2) 受身の文は be 動詞に動詞の（　　　　　　）をつける。

7-1　文型とは何か

ロン先生：今回から3回にわたって、日本語の文法とその教え方について勉強します。皆さんは中学や高校で、英語の時間には英文法、国語の時間には国文法っていう名前の文法を勉強したと思うんですが、ユウキくん、たとえば英文法は好きでしたか？

ユウキ：いえ、全然（きっぱり）。

ロン先生：それはまた、どうしてですか？

ユウキ：何か英語の文をSとかVとかに分けさせられたんですけど、あんまりよくわからなくて、英語を聞いたり話したりするのにそんなの必要ないとか考えちゃいました。

ロン先生：正直な感想ですね。今ユウキくんが言った、SVOとかSVCっていうのは「5文型」という考え方なんですが、普通のアメリカ人やイギリス人にそんな分類をさせても、絶対にできません。

ユウキ：マジっすか？

ロン先生：マジっす（笑）。それにね、5文型っていうのは矛盾がたくさんあって、英語学の世界では、今は7文型で考えるほうが普通です。いずれにせよ、ユウキ君は、いい話をしてくれました。というのは、その「文型」という単語が、日本語教育のキーワードだからです。ただし、日

本語をSVOCで分類するとか、そういうことじゃありません。順を追って考えていきましょう。たとえば皆さん、中学や高校で、英語の「進行形の作り方」って、どうやって習いましたか？　ちょっと復習を兼ねて、3人で話してみてください。

カナ：たしかアレだよね、be動詞＋アイエヌジー形。

ユウキ：そのアイエヌジーって、何て言うんだっけ？

ハルカ：現在分詞？

ユウキ：でもさ、そもそも「分詞」って何？

ハルカ：知らない…。

ロン先生：おつかれさまです。そうですね、進行形の文を作るには、be動詞 ＋ ing の形、つまり現在分詞という、何というか、まあ一種の「組み合わせ」で覚えますよね。いちおう書いておきましょう（板書1）。

進行形 ＝ be ＋ -ing

板書1

この組み合わせは、あらゆる進行形の文に共通した事項を抜き出したものです。少し難しく言うと、この規則は進行形の本質を抽出したものです。この知識があれば、たとえば「トムは走っています」みたいな、現在そのことをしている最中だという状態、つまり現在進行形を示したいときは、トムだとbe動詞はisになるし、走るは

run だから running になるし、最終的には Tom is running. という文を「具体化」できるわけです。日本語教育にも、このような組み合わせが多くありますが、英語の be ＋ -ing のような組み合わせと比べて「自分がどんなことを言いたいのか」という観点から組み合わせが作られています。このような組み合わせを「文型」と呼び、多くのコースではこれを教える事項のリスト、つまりシラバスにしているんです。そこでちょっと、この本、見てください（写真1）。ハルカさん、題名、何ですか？

写真1

ハルカ：にほんご、ぶんけい、じてん？

ロン先生：そうです。これは「言いたいこと」に役立つことばの組み合わせ、つまり文型を網羅した辞書で、わたしは今でもお世話になっています。カナさん、適当なページを広げて、見出し語を読んでください。

カナ：はい（パラパラとめくって）ええと「る、ものではない」？

ロン先生：動詞のもとの形、つまり「ナニナニする」に「ものではない」がついた文型ですね。じゃあこれを使って、ユウキくん、何か簡単な文を作ってください。

ユウキ：そうですね…。じゃあ「道に落ちて

るものを食べるものではない」(笑)。

ロン先生：それは「拾い食い」ってやつですね。じゃあカナさん、その本の「るものではない」のページに、この文型の意味が出ていると思いますので、読んでください。

カナ：はい。「人の動作を示す動詞をつけて、そのことをすべきでないという忠告を表す」。

ロン先生：そうですね。皆さんが学校で国文法を習ったときに、こういう切り分け方で文法を考えたことはなかったと思います。国文法では、これは名詞、こちらは動詞とかいった「品詞」、あるいはこれが主語、こっちは述語といった「文の成分」で分析をすることが多かったはずです。でも初級の日本語教育の授業では、学習者が「自分が言いたいことが言える・相手の言うことがわかる」のが大事なので、文型という切り分けで教える場合がずっと多いんです。

＼ サマリー ❶ ／

学習者が日本語で何を表現したいのかに応じて、さまざまな文法項目をパターン化した組み合わせを「文型」と言う。

7-2 文型を使った授業

ロン先生：では実際に、文型を使ってどうやって授業をするか考えてみましょう。ハルカさん、ビデオの中では、何か文型を使っていましたか？

ハルカ：ちょっと、わからないです。「行きます」に「ドコドコへ」と「ナニナニで」っていうのをつけて教えていたけど、それって文型って言っていいのかどうか…。

1. 例示
　↓
2. 文型の紹介
　↓
3. 練習と自己表現

板書2

ロン先生：はい、いい観察だと思います。これは単に「行きます」に助詞「へ」とか「で」とかがつくという組み合わせなので、厳密には文型とは言えないかもしれません。ただし、「行きます」という語を教えるときに、「ドコドコ + へ + 行きます」のように、複数の単語を組み合わせて教えていたので、いちおう初歩的な文型を使ったと考えていいでしょう。つまり、あの授業の流れは、このように考えられます（板書2）。じゃあユウキくん、ここに書いた最初の「例示」というのは、ビデオでいうとどこのあたりになりますか？

ユウキ：たぶん、指を使って「大阪へ行きます」を言ったところだと思います。

ロン先生：そうですね。ここでは、まず学習者がはじめて聞いた「おおさかへいきます」という音のカタマリが、いったいどういう意味なのか、理解してもらうことが大切です。ここでは、まだ文型は登場していません。

place ＋へ＋行きます

板書3

そのあとで先生が「ドコドコへ、行きます」「ナニナニで、行きます」などと口で説明してはじめて文型が登場します（板書3）。つまりこの説明によって、最初の「大阪へ行きます」という文はどうなったのでしょうか。もっと具体的になったのでしょうか、それとももっと抽象的になったのでしょうか？　ハルカさん。

ハルカ：もっと抽象的になったと思います。

ロン先生：その通りですね。言い方を変えれば、「place へ　いきます」は「おおさかへいきます」を「一般化した」と言っていいでしょう。その place に何か入れれば、行き先を示す他のさまざまな文を作れるからです。「place へ行きます」という文型と「大阪へ行きます」という具体的な文の関係は、単語のところでやった、いすという種類とソファーやスツールの関係と

同じ、上位一下位のカテゴリー関係になるわけですね。　さて、じゃあカナさん、授業ではそのあと、何をしましたか?

カナ：はい、「大阪」のところに「名古屋」とか「北海道」とか別の語を入れて文を言っていたと思います。

ロン先生：そうですね。つまり、学習者は一般化された「place へ行きます」という規則を知ることで、別の具体的な文、つまり「名古屋へ行きます」「北海道へ行きます」という文が作れるようになるわけです。そのあとの「ナニナニで」の導入のときも、だいたい同じ流れです。この流れによって学習者は文型を理解し、相手の日本語を理解したり、自分でもそれを使って言えたりするようになります。つまり、文型が自分の記憶に「定着」するわけです。まとめると、文型を使った授業の流れは、

教師が具体例を示す　→　文型による一般化を示す →　学習者が別の具体例を作る

ということになります。じゃあ、さっきの図にこれを付け加えて書いておきましょう（板書3）。あとは最後の「自己表現」というところなんですが、これはあとの章でやります。今のところは、「自己表現」というのは外国語を教える授業では、大事な考え方なんだということだけ、覚えておいてください。

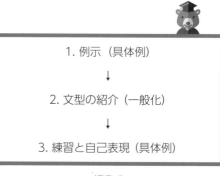

1. 例示（具体例）
↓
2. 文型の紹介（一般化）
↓
3. 練習と自己表現（具体例）

板書3

＼サマリー ❷ ／

標準的な授業では、導入として具体的な文を示して意味を理解してもらい、文型でそれを抽象化して示してから、また具体的な文を示したり、学習者に言ってもらったりして、その文型の定着をはかる。

質問2 以下の文型について　A. どういうときに使う表現か　B. 具体例　をそれぞれ作ってみましょう。

①〜て + あげます

②〜ようになりました

③〜たばかりです

7-3　名詞の定義と分析

ロン先生：今度は「品詞」です。さっきは「文型」というコミュニケーションのためのカタマリをやりましたね？　日本語を教える場合は文型という単位でまとめてしまうので、学習者に対してはそんなに細かく単語の種類の解説はしなくていいんですが、それでも品詞について最低限は知っておきましょう。品詞というのは、文法的な働きによって単語を分けたものです。いろいろな説がありますが、この授業では11種類に分けて考えます。　今回は日本語を教える上で最も重要な2つ、名詞と動詞を、まっさきに理解しましょう。じゃあユウキくん、そもそも名詞って何でしょうか？

ユウキ：名詞は、物の名前っていうか…。

ロン先生：はい。とりあえず、名詞の典型的なものは、物や場所、あるいは人の名前などを表す単語と考えればいいでしょう。日本語の教科書の最初に出てくる単語だったら「本」「カメラ」「学生」などです。ただし、「これ」とか「あなた」のように、個々の会話や文の中で何を示すかが違ってくる単語は、代名詞という別の品詞になります。名詞はとりあえず、それだけ知っておけばOKですが、ついでに「輪郭のあるなし」で考えると面白いですよ。ちょっとこの3つの名詞について、どれが輪郭がある名詞か、3人で考えてください（板書4）。

> A. きのう、ここに本があった。
> B. きのう、ここに水があった。
> C. きのう、ここで地震があった。

板書4

> **ハルカ**：…。「りんかく」って、何？
> **カナ**：形がはっきりしているってことじゃない？
> **ユウキ**：じゃ、「本」は触れるし、カドとかがあるから輪郭があるよね。
> **カナ**：じゃあ水は？
> **ユウキ**：うーんと…、入れ物次第っていうか…。
> **ハルカ**：じゃあ地震の輪郭って何？　ドコドコで震度3とかっていう、アレ？

ロン先生：それぞれ、鋭い考察です。まずユウキ君の言う通り、本のような身の回りの物には、だいたい輪郭がありますね。人もそうです。授業ビデオに出てきた「大阪」の場合は境目の線、つまり県境などが輪郭になります。でもたとえばカナさん、「肘」ってどこまでが肘なんでしょうか？

カナ：え？（自分の肘をさわって）…。考えたことないです。

ロン先生：ですよね？　つまり名詞の中には「だいたいこんな感じ」っていう輪郭や境界線によって、1つの形・1つの物として

意識されるものがあります。たとえばカナさん、「水」はどうですか？

カナ：ハイ、ユウキは（笑）「入れ物次第」って言っていました。

ロン先生：そう、正解です。水そのものには決まった形はないですね。だからコップに入れたり、場合によってはプールに入れたりして、はじめて輪郭ができます。英語だとこういうものは、輪郭のほうを先につけます。たとえば a glass of water とか、英語で習ったと思います。じゃあハルカさん、「地震」にはどんな輪郭があるんでしょうか？

ハルカ：はい、最初はさっきの「肘」のように、どこで地震が起きたかっていう範囲だと思ったんですが、もしかしたら、何時から何時までみたいなのが輪郭かもって…。

ロン先生：その通りです！（ユウキ、カナ「すごーい」という顔）。つまり、本やスマホの輪郭は手で触れるような「空間の輪郭」であり、地震とか、あるいはテレビ番組とかバーゲンセールなんていうのは、一種の「イベント」であって、ここでは時間が輪郭になっているわけです。イベントというのは本当は「モノ」というより出来事だから「コト」なんですが、「昨日、地震があった」のように、ことばの上ではイベントをまるでモノのように扱います。いわば、コトも「モノ化」して考えるわけです。これは日本語だけの問題ではなく、人間に共通の認識というか、考え方です。

ついでにもう1つ、品詞の種類ではないんですが、「形式名詞」と「時数詞」という考え方を紹介しましょう。たとえばカナさ

ん、ディズニーランドは好きですか？

カナ：好きです。このあいだも行きました。

ロン先生：いいですね。じゃあ「ディズニーランド」は名詞ですか？

カナ：はい、そうだと思います。塀で囲んであるから、輪郭もある（笑）と思います。

ロン先生：もちろん、正解です。じゃあ「ディズニーランドへ行った」はさっきの話で言うとイベントに当たりますよね？　その知識を使って「ディズニーランドへ行った」を「名詞」にしてください。今度は、ユウキくん。

ユウキ：じゃあ、「ディズニーランドへ行ったこと」？

ロン先生：ピンポン！（笑）この「こと」が形式名詞なんです。形式名詞は前にいろいろな要素がついて、全体を名詞化する働きがあります。他には「もの」「わけ」などもそうですね。次に、日本語では数を表すことばが大事だっていうのは、単語のところでやったと思いますが、それと並んで時を表すことばが、日本語教育ではけっこう大事です。そこで時と数のことばをまとめて「時数詞」というカテゴリーにまとめて考えることがあります。では、どうして時のことばは大事なんだと思いますか、カナさん。

カナ：前に原宿で、日本語を勉強しているカナダ人に会ったことがあるんですが、何か日付が1なのに「ついたち」などになって、すごく難しいって話していました。

ロン先生：たしかに日付は大変ですね。普通は「13日」みたいに「数字＋にち」ですが、例外がありすぎますよね。覚えるために、

イリノイ大学の先生がこんなカレンダーを作ってくれました（表1）。網かけのところが例外です。でも日付を覚える以外、カレンダーとしては役に立ちません（笑）。他にもいくつか理由はありますが、ここで休み時間にしましょう。

1	ついたち	2	ふつか	3	みっか	4	よっか	5	いつか	6	むいか	7	なのか
8	ようか	9	ここのか	10	とおか	11	じゅういちにち	12	じゅうににち	13	じゅうさんにち	14	じゅうよっか
15	じゅうごにち	16	じゅうろくにち	17	じゅうしちにち	18	じゅうはちにち	19	じゅうくにち	20	はつか	21	にじゅういちにち
22	にじゅうににち	23	にじゅうさんにち	24	にじゅうよっか	25	にじゅうごにち	26	にじゅうろくにち	27	にじゅうしちにち	28	にじゅうはちにち
29	にじゅうくにち	30	さんじゅうにち	31	さんじゅういちにち								

表1

サマリー ③

名詞は主としてモノやコトを指し示す語、代名詞は状況に応じて話し手が名詞の代わりに使う語のこと。また他の語をつけて、それが示すことを名詞化する「こと」などの形式名詞、時と数のことばである時数詞が名詞の下位カテゴリーとして大切である。

質問3 A. 時を表すことばの組み合わせを探し、どうやって教えたらいいかを考えてください。

① 「きょう」を基準にした5日間の組み合わせ

② 「曜日」の種類

③ 「秒」から「世紀」までの単位

B. 以下の助数詞（ものを数えるときにつけることば）はどういうものにつくと思うか、話し合ってください。

① 枚　　② 匹　　③ 本

7-4　動詞の定義と分類

ロン先生：さて、名詞と並んでもう1つの大切なものは動詞です。まずは3人で「動詞」って何か、「名詞」と何が違うのか、スマホで調べないで、自分たちで考えて、それぞれ発表してください。（10分後）じゃあ動詞についてわかったことをお願いします。

ハルカ：じゃあ、最初はあたしです。動詞っていうのは漢字で書くとわかる通り、人とかの「動き」を示すことばだと思います。「行く」とか「泳ぐ」とかがその例で、名詞と違って何かをする「時間」が関係すると思いました。ただし「ある」とか「いる」とか、動きがない場合でも使うので全部じゃないと思いますけど…。

ユウキ：次は僕です。動詞っていうのは名詞と違って、何を言いたいかで形が変わると思います。たしか中学で勉強したんですけど、「活用」っていうか…。それもいろい

ろ種類があって、たとえば「食べる」を過去のことだって言いたいときは「食べた」で「た」を付けるだけでいいんですが、「飲む」だったら「*飲むた」じゃなくて「飲んだ」になるみたいに、つまり、いろいろあります（笑）。

カナ：最後に、ちょっとさっきの形式名詞を聞いて思ったんですけど、動詞って名詞になるし、名詞も動詞になると思いました。たとえば「走る」だと「彼の走りは素晴らしい」みたいに名詞になるし、逆に名詞も「勉強」は「昨日12時まで勉強した」みたいに「する」とか「した」とかつけて、動詞になると思います。以上です。

ロン先生：（拍手しながら）参考書とかなしでこれだけ考えたのはハッキリ言って、すごいですね。どれも卒論のテーマにもなるような、大事なポイントです。では、順に考えていきましょう。動詞というのは動作や状

態を表す語で、ユウキ君が言った通り、「その動作がいつか」ということも動詞が示します。動詞に関して日本語教師がすべきことは、動詞を「意味」「形」の2つから分類することです。まず意味の点ですが、さっきハルカさんが言った「動詞には動きを示すものと示さないものがある」ということを取っかかりにしてみましょう。これから日本語の動詞の4種類とその例を書きますので、それぞれ線でつないでみてください（板書5）。

継続動詞	できる
瞬間動詞	似る
状態動詞	食べる
特殊	決める

板書5

カナ：どれから行く？　特殊？

ハルカ：できるって特殊っぽいよね？　動作とかとは違うし。

ユウキ：それを言ったら「似る」もそうじゃない？　「似る」って「あの人、ダレダレに似ている」っていう形でしか使わないし…。

カナ：そうだよね。じゃあ上の2つは特殊候補。

ハルカ：あと「継続」って、続くってことだよね。「瞬間」ってすぐ終わるってことだから、これ反対の関係じゃない？

ユウキ：あ、わかった！　決まるは「瞬間」。だって決まるって、たとえば多数決とかで瞬間的に結果が出るから。

カナ：じゃあ、食べるのは時間がかかるから、継続？

ハルカ：じゃあ、ユウキが言ってたみたいに「似る」を特殊にする？

ロン先生：すべて正解です。少しだけ解説をつけておきます。継続動詞と瞬間動詞は「〜ている」の形にしたときの意味の違いです。継続動詞、たとえば「食べている」は、その動作が続いている、という意味ですね。一方「決まっている」のような瞬間動詞は、「この件はもう決まっている」みたいに、その動作が進行中なのではなく、何かがなされた結果が共有されている、ということです。別の例としては「消える」もそうですね。「火が消えている」のように「〜ている」が結果を示します。だから瞬間動詞は結果動詞とも言います。次の状態動詞は「できる」です。これは前の2つとぜんぜん違っていて、「ている」の形が作れないものです。たとえば「工作でハサミが要る」の「要る」とかは「＊要ている」とか言えないでしょう。すると残った1つの「似る」が「特殊」で、今度は逆に「ている」の形でしか使わないものです。

（三角定規を示して）ハルカさん、ここの角のところ、どうなっていますか？

ハルカ：角は…、とがっています。あ、ホントだ。

ロン先生：ですよね？　これは「とがります」とか「とがりました」とかは言わないので、

本当に特殊ですよね？　専門的には「第4種の動詞」なんて呼んだりもします。この

あと、動詞を形で分けるのを考えたいんですが、それは次の時間にしましょう。

\ サマリー ❹ /

動詞は物事の動作や状態を表す語で、「それがいつか」という時制も示す。「〜ている」が進行中の動作を表すときは継続動詞、「〜ている」が終了後の結果を表すときは瞬間動詞、「〜ている」の形にならないものは状態動詞、「〜ている」の形にしかならないものは第4種の動詞。

質問**4**　次の動詞を「継続動詞」「瞬間動詞」「状態動詞」「特殊（第4種の動詞）」に分けてください。

①走る　　②ある　　③そびえる　　　　④降る

⑤太る　　⑦すぐれる　⑧（電気が）つく

アクティブラーニング　Active Learning

日本語の教科書から時刻の言い方が掲載されている課を探し、どんな語が載っているかをリストにしなさい。次にそれがどのような順で示されており、どのような練習問題や活動があるかを調べ、最後に「自分のオリジナルの教え方」を考えなさい。

（所要時間120分）

次はこれを読もう

●山下暁美・沢野美由紀 (2008).『書き込み式でよくわかる日本語教育文法講義ノート』アルク
　日本語教育の文法について、最も易しく、わかりやすい一冊です。解説が簡潔で具体的な上に、自分で考えて答えを書き込むようになっているので、基本的なことを押さえるのにはベストの本です。

●以下の文型辞典のいずれか
・グループ・ジャマシィ (1998).『日本語文型辞典』くろしお出版
　最初に出た文型辞典だけあって、それぞれの意味や用法の解説に、著者たちが真剣に取り組んだことがうかがえます。下記の2冊のように細かな工夫はありませんが、文型の意味を知って深く考えるという日本語教師の勉強という観点からは、最も勧められます。
・アスク出版編集部 (2008).『生きた例文で学ぶ日本語表現文型辞典』アスク出版
　それぞれの文型を使った短い会話が出ているので、授業作りの参考になります。英語に加え、中国語・韓国語の訳も載っているので学習者の自習用にも役立ちます。
・友松悦子・和栗雅子・宮本淳 (2010).『どんな時どう使う日本語表現文型辞典』アルク
　教室で示すためのわかりやすい例文がたくさん載っているのが特長です。また、それぞれの文型に日本語能力試験でこのレベルに当たる、という難易度が掲載されているので、試験対策などを教える人に適しています。

―質問のこたえ―
質問1
(1) 現在進行形は be 動詞に動詞の （ 現在分詞 ） をつける。
　　※この本は英文法の本ではないので「ing 形」でももちろん正解です。
(2) 受身の文は be 動詞に動詞の （ 過去分詞 ） をつける。

質問2　解答例
①～て ＋ あげます
　　　A. 相手のためにある行動をすること
　　　B. 外国人に道を教えてあげました。

②～ようになりました
　　　A. 前にはしなかったことが自分の習慣になったこと
　　　B. 新聞を読むようになりました。

③～たばかりです
　　　A. その行動が終わった直後であること
　　　B. 駅に着いたばかりです。

質問3
A
①おととい - きのう - きょう - あした - あさって
・カレンダーでその日の日付を指さして「きょうです」、翌日の日付を指さして「あしたです」などと教えます。覚えるのはけっこう大変なので毎回の授業で「きょうは何日ですか」と学習者に聞いたり、互いに聞き合うようにしたりするのがよいでしょう。
②日曜日－月曜日－火曜日－水曜日－木曜日－金曜日－土曜日
・これも上と同じように「きょうは何曜日ですか」「きのうは何曜日でしたか」などの質問をするのがよいでしょう。また、多くの国・地域のかなりの人は週末が休みなので「日曜日は好きですか」と聞くことで、学習者に日本人も自分たちも同じ文化を共有しているんだ、と共感を持ってもらえます。
③秒－分－時－日－週－月－年－世紀
・これはリストを見せるくらいでよいと思いますが、時刻の言い方は大切です。日本語の教科書などを見て勉強してください。また上の単位の中には「先週」「今月」「来年」のように「先－今－来」で前のこと・今のこと・未来のことを指す場合があります。どんな語のときに使えるか、確認しておきましょう。

B
①枚：紙や皿などの薄いものに用いる。
②匹：犬、猫などさほど大きくない動物に用いる（馬や牛などは「頭（とう）」。
③ペンなどの細長いものに用いるが、そこから派生して「野球のホームラン」（細長いバットで打つから）やサッカーのシュート（ボールが細長い線を描いてゴールに入るから）など多様なものに用いる。

質問4
継続動詞：走る、降る
瞬間動詞（結果動詞）：（電気が）つく
状態動詞：ある
第四種の動詞：そびえる　太る　すぐれる

第8章 日本語の文法と教え方(2)

▼ この課の目標

述語文の種類に関する知識をベースに、動詞・形容詞の理解を深める。

質問1 以下の A, B, C の文と、形が同じものをその下の「ア・イ・ウ」から選んでください。

A. 象は動物です。

B. 象は大きいです。

C. 象は寝ています。

ア. 新しい店がオープンした。

イ. この店はいつも静かだね。

ウ. 店のオープンは9月です。

8-1 名詞文とコピュラ

ロン先生：前回は「動詞」について考えてもらいましたが、動詞は文の中で「述語」になる代表的なものです。ではハルカさん、「述語」って何でしょうか。

ハルカ：あんまり覚えてないんですが、何か「主語」とペアになってたような…。

ロン先生：よく覚えていますね。ユウキくんはどうですか？

ユウキ：主語と述語は「語」で終わっていて、名詞とか動詞とかは「詞」で終わっていて、それぞれの違いというか、区別がわかりません。

ロン先生：たしかに、区別はわかりにくいですね。名詞とか動詞、形容詞などの名称は「品詞」といって単語の種類に着目した分類です。一方、主語とか述語などの名称

88

は、実際の文の中で用いられている単語や単語の集まりがどういう役割をしているかに着目した分類です。これは言い換えると「文の成分」における分類なんです。成分というと何だか栄養学みたいですが、たとえば肉野菜炒めでいえば、食材を指さして「これは豚肉だ」「それは玉ねぎだ」という言い方もあるし、栄養学だと「これはたんぱく質だ」とか「脂肪だ」とかの言い方もあるでしょう？　似ているけど、違う分け方なんです。　では「述語」とは何かというと、文の終わりにきて、人や物事などが「何なのか、どうなのか」を示すことばです。たとえばカナさん「昨日、カラオケに行った」という文の述語は何ですか？

カナ：「行った」ですか？

ロン先生：正解です。この場合の「行った」のように動詞が述語になっている文を「動詞述語文」と言います。「まんま」ですね（笑）。短くして「動詞文」と言うのが普通です。同じように「名詞述語文（名詞文）」「形容詞述語文（形容詞文）」があり、日本語教育の初期にはこれらが順に提示されます。最初に出てくるのは名詞文であることが多いので、まずこれからやりましょう。ハルカさん、何でもいいので、名詞を1つ言ってください。

ハルカ：あ、じゃあ「スマホ」。

ロン先生：いいですね。では述語は普通、文の終わりに来るので、「スマホ」という名詞で終わる文だと「これはスマホ。」になりますが、ハルカさん、この文はどうですか。

ハルカ：正しい文ですけど、場合によっては

ちょっとぶっきらぼうっていうか、中途半端っていうか…。

ロン先生：そうですよね。じゃあ普通に聞こえるようにするためには、カナさん、どうすればいいですか？

カナ：やっぱり、「です」をつけて「これはスマホです。」にするのはどうですか？

ロン先生：そうです。名詞を述語にするときは、「です」とか「だ」とか「である」とかをつけないと、なんというか、「ちゃんと終わった感」がないですよね。この「です」とか「だ」は品詞の分類では考えずに、特別扱いで「コピュラ」と呼びます。この「ナニナニはナニナニです」っていうコピュラ付きの文型が、名詞文の基本中の基本です。　ではユウキくん、この教科書の第1課から述語に「名詞＋コピュラ」がついた文を探してください。

ユウキ：あっ、ありました。「わたしは留学生です」。

ロン先生：そうですね。まだありますか？

ユウキ：「ジェーンさんも留学生です」。

ロン先生：はい、それも名詞文です。さて、ここからが日本語を教えるときに大事なところです。日本語を教える場合、ある文の形を教えたら、そこにいろいろくっつけて、つまり文型を「拡張」させて、より複雑な文にします。そして学習者がそれを聞いて理解できるように、言い換えればそれを使ってコミュニケーションができるように持っていくわけです。たとえばこの「AはBです。」という名詞文は、文の終わりに「か」がついて、相手に何か質問する文になります。答える文も「はい、そ

うです」のようにコピュラがついているので、拡張を行えば、名詞文を使った簡単な会話が作れます。さらに「これはAです」の文は「これはAですか、Bですか」と答えを選択させる疑問文にも拡張します。少しずつ長く、複雑になっていきますね。今の段階では、文型を使った教え方では、簡単な成り立ちの文が、課が進むにつれて拡張して複雑になっていくことが理解で

きればOKです。　この文型の広がり、つまり拡張を簡単な表にすると、こんな感じになります（表1）。グレーの部分はもとの部分から変わったり、付け足されたりしたものです。実際は細かいところで学習しなくちゃいけない部分はけっこうあるんですが、ある文型がどのように拡張していくのかは理解できるでしょう。

	これ	は			本	です				
	これ	は	歴史	の	本	です				
	これ	は			本	じゃありません				
	これ	は			本	です	か			
はい					本	です				
いいえ					本	じゃありません				
	これ	は			本	です	か	ノート	です	か
	これ	は	何			です	か			

表1

サマリー ❶

日本語教育の初級では、述語に何が来るかによって文が分類され、それぞれ基本的な文型からより複雑な文に拡張する。「AはBです（または「だ」)」のように、名詞にコピュラがついて述語になる文を名詞文と呼ぶ。

質問2 以下の文を上の表に当てはめて、書きこんでください。

①これも本です。

②これは何の本ですか。

③このかぎはだれのですか。

8-2 形容詞文の特徴

ロン先生：では次に、述語として「大きい」のような形容詞が来る文、つまり形容詞文を考えてみます。カナさん、この教科書の目次を見て、文の終わりに「大きい」のような形容詞が出ている文を探してください。

カナ：はい…。あ、ありました。「ピラミッドは大きいです」と「沖縄の海はきれいです」。

ロン先生：正解です。どちらも形容詞文ですね。名詞文と同じように、これにもコピュラ「です」が付いているんですが、前が名詞じゃなくて形容詞という点が違います。さて、この2つの文なんですが、同じ形容詞文といっても、違う種類なんです。どういうことか、さっそく3人で考えてください。

ユウキ：パッと見、同じじゃない？

ハルカ：それだったら、なんで先生がこの質問したのって話だよね？

カナ：文の形は同じだから「きれい」と「高い」の違いってこと？

ユウキ：きれいですね…。高いですね。きれいだね、高いね…。

ハルカ：(大声で) アッ、それだよ！

ロン先生：じゃあハルカさん、大声の理由(笑)を教えてください。

ハルカ：「きれい」と「高い」は何か種類が違います。

ロン先生：その通りです。だからこの2つは、別々の文型として出ているんですね。「き

れい」のほうは国文法では形容動詞に入ります。形容動詞は名詞の前につけたときに「きれいな時計」のように「な」がつくもので、日本語教育ではこれを「ナ形容詞」と呼んでいます。一方「高い」は国文法の形容詞の1つで、たとえば「高い時計」のように「な」はつかず、「い」だけなので、こちらは日本語教育では「イ形容詞」と呼びます。　ではカナさん、イ形容詞をいくつか挙げてください。

カナ：大きい、小さい、かわいい…。

ロン先生：じゃあユウキ君、ナ形容詞は？

ユウキ：ええと…。元気な、静かな…？

ロン先生：そうですね。イ形容詞のほうはみんなパッと言えるんだけど、ナ形容詞のほうはちょっと時間がかかりますね。こういう例がすぐ出てくることが、プロの日本語教師を目指す場合、大切です。次はハルカさん、「桜はきれいです」を「きれいな」を使って似たような意味にしてください。

ハルカ：ええと、「きれいな桜です」。

ロン先生：そうですね。つまり、形容詞にはイ形容詞とナ形容詞の2種類があり、しかもどちらにも「ナニナニです」という文の終わりについて形容詞文にする使い方と、「きれいな＋桜」「新しい＋スマホ」などのように名詞の前につける使い方があります。　組み合わせれば、4パターンの使い方があることになります (表2)。

イ形容詞の形容詞文	この	本	は	新しい		です
ナ形容詞の形容詞文	この	本	は	有名		です
イ形容詞＋名詞				新しい	本	
ナ形容詞＋名詞				有名な	本	

表2

ロン先生：さて、形容詞には名詞と違って「活用」があります。活用というのは、話し手が何を言いたいのかによって、形が変わることです。たとえば動詞だったら「今日食べる」が、もし昨日のことだったら「昨日食べた」になりますが、形容詞にも同じように活用があります。で、ここからが難しいんですが、ハルカさん、「大きいです」を否定形、打ち消す形にしてください。

ハルカ：ええと、「大きくない」です。

ロン先生：そうですね。ところが、もう1つ形があるんですよ。カナさん、どうですか？

カナ：え？　考えたことないです…。大きいです…。あ、「大きくありません」。

ロン先生：そうですよね。じゃあ普通はどっちを使いますか？　ユウキくん。

ユウキ：たぶん「大きくない」のほうだと思います。普通、友だちとかと話すときは「おっきくない」みたいに、「です」をつけないんで。

ロン先生：なるほど、いい観察ですね。ところが80年くらい前は「大きくないです」っていう言い方は、日本語では間違いとされていました。「大きくありません」のほうは昔から使われていて、「大きくないです」は新しい使い方なんです。たとえばハルカさん、「です」というコピュラの過去形は、何ですか？

ハルカ：…でした？

ロン先生：そうですよね？「去年はまだ高校生でした」みたいに。でも「大きくないです」の過去形を「*大きくないでした」にしたら、やっぱりおかしいですよね？まあ、多くの教科書ではユウキ君の言った「大きくないです」で教えて、過去形はあと回しにしています。ここまではイ形容詞の話でしたが、他にナ形容詞もありますから。そこで、イ形容詞とナ形容詞の否定の形をまとめておきましょう（表3）。ただし、これは教科書の記述に沿ったもので、これ以外に正しい形がないというわけではありません。

イ形容詞の形容詞文（否定）	この	本	は	新しくない	です
ナ形容詞の形容詞文（否定）	この	本	は	有名	じゃありません
イ形容詞の否定＋名詞				新しくない	本
ナ形容詞否定＋名詞				有名じゃない	本

表3

\ サマリー ❷ /

日本語の形容詞には「大きい・長い」のようなイ形容詞、「きれいな・元気な」のようなナ形容詞がある。形容詞は名詞と違って活用があり、述語になる場合と、名詞の前についてそれを説明する場合がある。

質問3 左ページの表を参考にして、形容詞の否定の形、過去の形で正しいものをすべて（　　）の中に書き込んでみましょう。

イ形容詞の形容詞文（否定1）		新しくない	です
イ形容詞の形容詞文（否定2）		（①　　　　　　　）	ありません
ナ形容詞の形容詞文（否定1）		有名	じゃありません
ナ形容詞の形容詞文（否定2）		有名	（②　　　　　　　）
イ形容詞の形容詞文（過去）		（③　　　　　　　）	です
イ形容詞の形容詞文（過去否定1）	この本は	（④　　　　）なかった	です
イ形容詞の形容詞文（過去否定2）		新しく（⑤　　　　　）	でした
ナ形容詞の形容詞文（過去）		有名	（⑥　　　　　　　）
ナ形容詞の形容詞文（過去否定1）		有名（⑦　　　　　）	です
ナ形容詞の形容詞文（過去否定2）		有名	（⑧　　　　　　　）
イ形容詞の過去＋名詞		新し（⑨　　　　　）	本
イ形容詞の過去否定＋名詞		新し（⑩　　　　　）	本
ナ形容詞の過去＋名詞		有名（⑪　　　　　）	本
ナ形容詞の否定＋名詞		有名（⑫　　　　　）	本

8-3　動詞の種類とグループ

ロン先生：名詞文、形容詞文と考えてきて、最後は動詞文です。動詞は動きや状態を表すことばですが、同じように「活用」をする形容詞が「い」（例：長い）または「な」（例：元気な）で終わるのに対し、動詞は「読む」「する」など、五十音図のウ段、つまりウ・ク・ス・ツ・ヌ…のどれかで終わります。そして形容詞と違って、時制だけではないさまざまなことが活用の中で示されます。実際に教科書を見ながら考えて

いきましょう。カナさん、この教科書で最初に出てくる動詞は何ですか？

カナ：えーと…、最初に出てくるのは「起きます」「働きます」「寝ます」です。

ロン先生：そうですね。じゃあカナさん、日本語の動詞はたくさんありますが、その中でどうしてこの3つが最初に出てくるんだと思いますか。

カナ：え…？　よくわかりませんが、毎日することなんで、なじみがあるっていうか…。

ロン先生：それで正解です。こういう動詞が示す行動は、誰でも毎日することなので、自分の日課やスケジュールを言いたいときに便利なんです。だいたいの初級の教科書では、毎日の生活を表す動詞の他に「行く・来る・帰る・乗る」などの行き来を表す動詞、「あげる・もらう・くれる」のように、与えたり受け取ったりを示す動詞が出てきます。では次は、もう少し難しい問題です。ユウキくん、この課では「起きる」じゃなくて「起きます」、「働く」じゃなくて「働きます」の形で、動詞が出ていますね。つまり「ます」で終わる丁寧な形で出てくるんですが、これはどうしてでしょうか？

ユウキ：この課よりも前に出てくる名詞文も「これはカメラです」とか「です」を使った丁寧な形になっていたんで、まあ合わせてるのかな、とか思ったんですけど…。

ロン先生：前の課と合わせていることは、確かです。ユウキ君が話してくれたように、名詞文のときに使ったコピュラも「〜だ」ではなくて「〜です」だから、日本語教育の初級では「です・ます」で教えていることになります。では、どうしてこういう形になるのでしょうか。理由は2つあります。今度はハルカさん、どうですか。

ハルカ：はい。やっぱり、丁寧に話したほうが無難っていうか…。

ロン先生：その通りです。日本人同士でも、学校の中はともかく、初対面の人には丁寧なことばを使いますね。外国人が日本語を学ぶときは、最初は丁寧に話したほうが、失礼な人だと思われる誤解を避けられます。わたしも最初に「マス形」と呼ばれる、この丁寧な形を叩きこまれました。次に2つ目の理由ですが、これは順序立てて考える必要があります。まず教科書で最初に出てくる「起きます」「寝ます」を、過去形、つまり過去のことを言うときの形にしてみましょう。カナさん、「起きる」の過去形は？

カナ：「起きた」です。

ロン先生：そうですね。つまり「る」を「た」に変えたわけです。じゃあハルカさん、「働く」の過去の形は何ですか？

ハルカ：「働いた」です。

ロン先生：そうですね。するとさっきは最後の「る」を取って「た」にしたのに、「働く」は「*働きた」では、おかしいですね。どうしてこうなっちゃったんでしょうか。ユウキくん。

ユウキ：たぶん、動詞の種類が違うんじゃないでしょうか。

ロン先生：そうなんです。じゃあこの動詞をマス形にして、考えてみましょう。ユウキくん、「起きます」「働きます」を、それぞれ過去の形にしてください。

ユウキ：はい。「起きました」と「働きました」。

ロン先生：そうです。じゃあユウキくん、もう1回。いま、どうやって過去の形にしたんですか？

ユウキ：いや、どうって、「ます」を「ました」にしました。…アッ！

ロン先生：ひらめきましたか？　ユウキくん、どうぞ！

ユウキ：今度は、同じルールで作れました！

ロン先生：正解です！　これが2つ目の理由です。日本語の動詞はマス形にすれば、例外なく全部過去の形・否定の形・「〜しませんでした」という過去の否定の形は同じなんです。つまり学習者にとって覚えやすいし、すぐ使えるし、丁寧でもあるので、とりあえずはいいこと尽くめなんですね。皆さんが中・高で勉強した国文法では、動詞の活用に「マス形」というものはないんですが、日本語教育はコミュニケーション教育なので、初期の頃の覚えやすさや、誰と話すかといった特性を踏まえて、この形式が考えられたわけです。この形の変化、つまり活用を表にしてみますので、好きな動詞を自分で選んで、確認してみてください（表3）。表の中の「非過去形」というのは「働きます」「起きます」の普通の形で、現在のことを示す以外の用法もあるので、こう呼んでいます。

非過去	非過去の否定
〜ます	〜ません
過去	過去の否定
〜ました	〜ませんでした

表3

ロン先生：書き終わりましたか？　じゃあここからは、名詞文・形容詞文と同じように、いろいろくっつけたり、形を変えたりする「拡張」を考えましょう。カナさん、教科書では「働きます」はどんな文で出てきますか？

カナ：「わたしは10時から6時まで働きます」。

ロン先生：そうですね。「わたしは働きます」だけじゃ、普通はわざわざ文にする意味がないですよね。ここでは「イツイツから」「イツイツまで」という2つの部分をつけて、意味のある文にしています。「10時」は名詞、「から」は1文字じゃないけど助詞なので、「名詞＋助詞」の組み合わせをつけて、文が長くなりました。じゃあ他の「名詞＋助詞」をつけて、文を長くしてみてください。ハルカさん。

ハルカ：じゃあ「わたしは10時から6時までスーパーで働きます」。

ロン先生：おぉ、「ドコドコで」がつきましたね。じゃあユウキくん。

ユウキ：えっと…。じゃあ「わたしは10時から6時まで友だちとスーパーで働きます」。

ロン先生：今度は「ダレダレと」ですね。つまりバイトの時間帯が友だちと同じなん

ですね。もし誰か外国人がこれぐらいの長さの日本語をしゃべるのを聞いたら、カナさん、どう思いますか?

カナ：ハイ、けっこううまいな、ペラペラだな（笑）とか一瞬、思っちゃいます。

ロン先生：そうなんですね。今わたしは「ドコドコで」「ダレダレと」と言いましたが、これをちょっと応用して「どこで」「だれと」といった疑問のことばをつけた文にすれば、相手に質問して答えを得るというコミュニケーションが取れるようになります。つまり、日常生活の動詞を上手に教えれば、学習者は平日の予定や休日にしたことなど、自分や相手の行動が言えたり聞けたりするし、またいろいろな「名詞＋助詞」をくっつけて長い文が言えたり聞けたりするので、コミュニケーションの幅がぐっと広がるわけです。いつまでも目の前のものを指さして「それはペンですか?」ばっかりじゃ、会話が続かないですよね?（笑）　こうやって動詞文、それから今までやった名詞文、形容詞文を組み合わせれば、かなりのことが言えるようになります。ところがこのあとで、初級の前半でいちばん難しいところがやってきます。それは「テ形」です。

カナ：(小声でひとりごと) とけい?

ロン先生：いえ、カナさん、それは歴史の長ーいボケで（笑）、世界中の学習者が言っていることです。「トケイ」ではなくて「テ形」です。「働きます」だったら「働いて」がテ形です。じゃあカナさん、「起きます」のテ形は?

カナ：起きて。

ロン先生：そうです。ユウキくん、「勉強し

ます」は?

ユウキ：勉強して。

ロン先生：正解です。ハルカさん、「読みます」?

ハルカ：読んで。

ロン先生：そうですね。日本人だったら、いちいち考えなくても無意識に頭に入っていますよね?　さっき、わたしはマス形にすれば動詞の基本的な4つの活用が全部同じと言いました。ところがテ形のときから、動詞が3つに分かれるんです。学年が変わってクラス替えをすると仲良しグループでもバラバラになっちゃうのはアメリカでもよくある話ですが、動詞の世界でもこのようなことが起きます。じゃあまず3人で、今やったばかりの動詞をテ形の形から2つに分けてください。

ハルカ：「起きます」は「ます」を取って「て」をつけるだけだから簡単だよね?

ユウキ：「勉強します」も同じじゃない?

カナ：「働きます」は「きます」を取って「いて」をつけるってこと?

ハルカ：「読みます」は「みます」を取って「んで」をつけるから、また別かな…?

ロン先生：はい。つまり、テ形を作るために「ます」を取って「て」をつけるグループと、もっとルールが面倒なグループの2つに分けたわけですね。基本的には、その通りです。簡単なほうは日本語教育の世界では「2グループ」、面倒なほうは「1グループ」と呼んでいます。たとえば「食べます」

はどっちのグループですか、ユウキくん。

ユウキ：食べます…。食べて、だから2グループ？

ロン先生：そうです。ただし「勉強します」の「します」は「来ます」と一緒にして、3グループとしています。日本語の教科書には普通、テ形の作り方が出ていますが、この1グループのテ形を覚えるのが面倒なんです。でも、これを覚えないと先に進めないんです。テ形って、うしろに何かをつけて文を長くした組み合わせ、つまりテ形を使った文型がとても多いんです。「ナニナニ＋てください」はその代表ですが、他にどんなものがありますか？　じゃあカナさん。

カナ：「手伝ってくれない？」みたいな。「ナニナニてくれない」とかはそうですか？

ロン先生：はい、そうです。他には、ユウキくん。

ユウキ：「ナニナニてみる」？　とりあえずやってみるとか？

ロン先生：いいですね。大事な文型です。最後、ハルカさん。

ハルカ：「ナニナニています」？　「いま勉強しています」みたいな。

ロン先生：いいですね。どれも大事で、逆に言えばこういう表現は全部、テ形を覚えないと言えないわけで、このことからもテ形の大事さがわかってくれたと思います。というわけで、ここまでで、皆さんは動詞について「継続動詞、状態動詞などの意味による分類」「1グループ・2グループ・3グループという形の分類」をマスターしたことになります。よくがんばりました。このあとは、テ形を学習したあと、どんな動詞の形を習うかを考えましょう。じゃあ、お昼になったので、みんなでカレーでも食べに行きましょうか？

サマリー **3**

動詞文は覚えやすさとコミュニケーション上の要請から最初にマス形から教えることが多い。初級の最初では日常生活の動詞・行き来の動詞・やりもらいの動詞などが導入される。「テ形」を教える段階から、動詞は3つのグループに大別される。

質問4 左の表を見て、1グループのテ形の作り方にどのような法則があるか、考えてください。

I

マス形			テ形		
か	き	ます	か	い	て
い	き	ます	*い	っ	て
いそ	ぎ	ます	いそ	い	で
の	み	ます	の	ん	で
よ	び	ます	よ	ん	で
かえ	り	ます	かえ	っ	て
か	い	ます	か	っ	て
ま	ち	ます	ま	っ	て
か	し	ます	か	し	て

II

マス形		テ形	
たべ	ます	たべ	て
ね	ます	ね	て
おき	ます	おき	て
かり	ます	かり	て
み	ます	み	て
い	ます	い	て

III

マス形		テ形	
き	ます	き	て
し	ます	し	て
さんぽし	ます	さんぽし	て

アクティブラーニング　Active Learning

例のように新聞や雑誌の記事から3種類の文がすべて入っている10文以上の段落を選び、それぞれの文を「名詞文・形容詞文・動詞文」に分けなさい（例の④のように1つの文に述語が2つ以上ある複文のときは最後の述語で判断する）。また形容詞はイ形容詞かナ形容詞かに分け、動詞は1グループ／2グループ／3グループのどれに入るかも書きなさい。

（所要時間90分）

例：

①中原中也は私にとって最高の詩人だ。②彼の詩「夏の海」に出てくる海は、夏の昼下がりの、
　　　　　　　　　　　　　　　　名詞文

誰もいない海だ。③私も海が好きで、夏に少なくとも一回は訪れる。④でも東京の海はどこで
　　名詞文　　　　　　　　　　　　　　　　　　　　　動詞文2グループ

もたくさんの人が訪れていて、いつも騒々しい。⑤BGMの音楽や、子どもたちの騒がしい声が
　　　　　　　　　　　　　　　　　形容詞文（イ）

聞こえる。⑥でも、それでよい。⑦詩の中の海は想像の海で、東京の海は現実の海だ。⑧そして、
動詞文2グループ　　　　　　　　　　　　　　　　　　　　　　　　　　　　名詞文

海に来た人は、誰もが満ち足りた顔になる。⑨誰もが、海から元気や勇気をもらう。⑩つまり私
　　　　　　　　　　　　動詞文1グループ　　　　　　　　　　　　　動詞文1グループ

たちは、本からでも現実からでも、何かを与えられる。⑪それに気づけるかどうかが大切だ。
　　　　　　　　　　　　　動詞文2グループ　　　　　　　　　　　　　　形容詞文（ナ）

98

次はこれを読もう

●藤田直也 (2000).『日本語文法　学習者によくわかる教え方　―10 の基本―』「第 2 章　これだけはおさえ
ておきたい活用の基礎知識」アルク
　本書を読み終えたくらいの読者にぴったりの、専門書への橋渡しになる本です。ただし動詞の 1 グループは
「五段」、2 グループは「一段」、3 グループは「不規則」と、国文法の道具立てを使っていますので読み替え
が必要です（ナ形容詞も「形容動詞」となっています）。文体はわかりやすく、読者が納得してから次に進
むような配慮をしており、多くの発見があることでしょう。書名には「文法」とかいてありますが発音やア
クセントの指導や、「ウチ」という日本語の発想のキーワードになることも数多く取り上げており、教師と
しての幅を広げてくれる一冊です。

―質問のこたえ―
質問 1
A. 象は動物です。 －　　ウ . 来年のフェスは 9 月です。
B. 象は大きいです。 －　　イ . この通りはいつも静かだね。
C. 象は寝ています。 －　　ア . 新しいケーキ屋さんがオープンした。
この問題は A-C の文の「は」のあとにどんなことばが来るかで判断できます。A. の「動物」は物事の名前、
つまり名詞なので、同じように名詞である「9 月」になります。B.「大きい」は物事の様子を表すこ
とばで、あとで本文でやりましたが「形容詞」なので、同じく形容詞である「静か」が答えです。た
だし「大きい」はイ形容詞、「静か（な）」はナ形容詞なので気をつけてください。
最後の C. の「寝る」は動詞で、「オープンする」も「する」がついているので動詞になります。

質問 2
この 3 つの文は 3 人が見つけた文型の拡張以外に、教科書のはじめのほうで学習する重要な事項です。

	これ	は			本	です				
	これ	も			本	です				
	これ	は	歴史	の	本	です				
	これ	は			本	じゃありません				
	これ	は			本	です	か			
はい					本	です				
いいえ					本	じゃありません				
	これ	は			本	です	か	ノート	です	か
	これ	は	何			です	か			
	これ	は	何	の	本	です	か			
この	かぎ	は	だれ	の		です	か			

・「これも」は「は」の代わりに「も」が新しいところです。
・「何の本」は疑問をあらわす「何」に「の本」がついて、質問の内容がより具体的になっています。
・「これ」が「このかぎ」になると「この」はあることを示して「ここにあるナニナニ」という意味に
なります。また「だれの」の「の」は、「の」だけで「ダレダレのもの」を示します。

質問3

イ形容詞の形容詞文（否定1）		新しくない	です
イ形容詞の形容詞文（否定2）		（①新しく）	ありません
ナ形容詞の形容詞文（否定1）		有名	じゃありません
ナ形容詞の形容詞文（否定2）		有名	（②じゃないです）
イ形容詞の形容詞文（過去）	この本は	（③新しかった）	です
イ形容詞の形容詞文（過去否定1）		（④新しく）なかった	です
イ形容詞の形容詞文（過去否定2）		新しく（⑤ありません）	でした
ナ形容詞の形容詞文（過去）		有名	（⑥でした）
ナ形容詞の形容詞文（過去否定1）		有名（⑦じゃなかった）	です
ナ形容詞の形容詞文（過去否定2）		有名	（⑧じゃありませんでした）
イ形容詞の過去＋名詞		新し（⑨かった）	本
イ形容詞の過去否定＋名詞		新し（⑩くなかった）	本
ナ形容詞の過去＋名詞		有名（⑪だった）	本
ナ形容詞の否定＋名詞		有名（⑫じゃなかった）	本

・ 上のすべてを初期の日本語教育で教えるわけではありませんが、教えるほうとしては、このような
  活用があるという知識は持っておきましょう。

質問4
①「～します」のとさ、テ形は「して」
　　　　例：出します　→　出して
②「～きます」のとき、テ形は「いて」
　　　　例：書きます　→　書いて　（ただし「行きます」だけは「行って」）
③「～ぎます」のとき、テ形は「いで」
　　　　例：泳ぎます　→　泳いで
④「～います」「～ちます」「～ります」のとき、テ形は「って」
　　　　例：買います　→　買って　　持ちます　→　持って　　取ります　→　取って
⑤「～みます」「～びます」「～にます」のとき、テ形は「～んで」
　　　　例：読みます　→　読んで　　飛びます　→　飛んで　　死にます　→　死んで
★以上のように「ます」を取って「し→して、き→いて、ぎ→いで、い・ち・り→って、み・び・に→んで」
　という覚え方があります。

補足　日本語の品詞

▼ この課の目標

"Can-do" Descriptor

日本語教育で扱う品詞について理解できるようになる

ロン先生：

　名詞・形容詞・動詞についていろいろな角度から考えてきましたが、もちろん日本語教育でもそれ以外の品詞について考えることがあります。この補足では、品詞について一通り押さえておきましょう。まず、次の文を読んでください。ちょっと不自然なんですが「品詞全部入り」の文です。

　はい、だからあの安くてにぎやかな店で、彼女はジュースをゆっくり3杯飲みました。

　この文を使って、解説していきます。一重下線は品詞の種類、点線の下線は品詞の種類ではないのですが、日本語教育の観点から単語をまとめるときに役立つグループの名前です。

　最初の「はい」ですが、これは①間投詞と言います。はい・いいえのように応答を示すことばや、「ああ」のように感動を示すことです。電話の「もしもし」も、間投詞です。

　「だから」は、②接続詞です。接続詞は文字通り接続、つまり「つなぐ」のが仕事で、前に来ることばとか文を受けて、それに続くことばとか文との関係を示します。「雨が降った。だからうちにいた」の「だから」や、「雨が降った。しかし出かけた」の「しかし」がそれに当たります。他に初級の日本語教育では、何か情報を加えるときの「また」（例：またあとで来ます）とか選択を示す「それとも」（例：明日来ますか、それともあさって来ますか）などがあります。

　その次の「あの」は、③連体詞と言います。名詞を説明する以外には役割がないことばで、初級では「この・その・あの・どの」がそれに当たります。連体詞ということばを覚えるよりも、日本語では話し手に近いものは「コ」、話し手よりも聞き手に近いものは「ソ」、両者から遠いものは「ア」、疑問に使うときは「ド」を使うという体系があることをまず知っておきましょう。「コ」だったら、連体詞の「この」の他「これ」「こちら」「こう」などがあります。これらは品詞の区

別ではないのですが、指示詞というグループでまとめて考えるとよいでしょう。

　続く「安くて」はもとの形が④イ形容詞の「安い」、そして「にぎやかな」は「な」がついているのでわかる通り⑤ナ形容詞です。「店」はもちろん、⑥名詞ですね。

　さて、次の「で」は⑦助詞です。助詞の役目は大きく分けると２つあって、語と語との関係を示すことと、文の終わりにつけて、なにか意味を添えることです。例文にある「店で」というのは、彼女が「どこでジュースを飲んだか」という情報、ジュースを飲んだ場所を示します。文の終わりにつく助詞は、たとえば「あれは郵便局ですか」の「か」のように、質問を示すものや、「これは山田さんの本ですね」の「ね」のように確認を示したりするものがあります。これらは特に、終助詞と言います。日本語教育では助詞の区別をどうやって上手に教えるかが重要です。「は」「が」の違いや、「に」「で」の違いなどは、学習者が疑問に思うところです。

　「彼女」は英語の she と同じで⑧代名詞です。文字通り、特定の名詞の「代わり」に使います。相手の近くにある消しゴムを指さして「それ、取って」といった場合、そのものには「消しゴム」という名前がありますが、その場では「それ」という代名詞を使って示しているわけです。日本語教育では代名詞を名詞の仲間に入れる考え方もありますが、初級ではけっこう大事なので、ここでは品詞の１つと考えます。

　ジュースは名詞、「を」はまた助詞で、次に来る「ゆっくり」は⑨副詞と言います。さっきの連体詞というのは名詞の説明をすることばでしたが、副詞は主に動詞の説明をすることばです。「ゆっくり」は「どのように飲んだか」を説明していますね。同じようにたとえば「たっぷり食べた」だったら「どのくらい食べたか」を説明しています（この「説明」は「修飾」とも言います）。副詞の中には「かなり熱い」「もっと右」のように、形容詞や名詞を説明するものもあります。

　3杯の「3」は数詞、「杯」は数詞のあとにつけて、そのものの形や性質を表す助数詞ですね。これらはいずれも名詞の仲間ですが、初級の日本語教育では覚える事項が多く、大切なグループです。

　最後の「飲みました」はもちろん、⑩動詞です。中学校や高校でやった国文法では助動詞という品詞がありますが、日本語教育では助動詞は動詞の活用の中に含むので、それだけを取り出して考えることはしません。

　以上の10品詞に加え、「です」「だ」のコピュラ（判定詞とも言います）の知識があれば、品詞の基礎は押さえたといっていいでしょう。最初の文と品詞をもう一度示しておきますので、もう１回、確認してください。

はい、	だから	あの	安くて	にぎやかな	店	で、
間投詞	接続詞	連体詞	イ形容詞	ナ形容詞	名詞	助詞

彼女は	ジュースを	ゆっくり	3	杯	飲みました。
代名詞	助詞	副詞	数詞	助数詞	動詞

第9章　日本語の文法と教え方 (3)

▼ この課の目標

"Can-do" Descriptor

初級におけるさまざまな文型の特徴が理解できる。

質問1　以下の A, B, C の文の中で、文の成り立ちや構造が違うものはどれですか。

① A. わたしは 6 時に起きました。

B. 母は 6 時にわたしを起こしました。

C. わたしは母に 6 時に起こされました。

② A. 先週の金曜日、駅でお土産を買いました。

B. 新しくきれいな駅でお土産を買いました。

C. 山田さんが来る前に駅でお土産を買いました。

9-1　普通形とその活用

ロン先生：前回は名詞文・形容詞文・動詞文という文の種類と、1 グループ・2 グループ・3 グループという、動詞の分類を学びました。ではカレー屋さんで出した宿題、テ形がどのくらい多くの文型に拡張するかですが、やってきましたか？　ユウキくん。

ユウキ：はい、文型辞典で調べたら、50 以上ありました。

ロン先生：なるほど。ではその中で、初級の日本語教育で特に大事なものはどれ

ですか？　ハルカさん。

ハルカ：はい、いろいろあったんですけど、「〜テください」「〜テもいいですか」「〜テはいけません」などだと思います。

ロン先生：そうですね。それらを学習者が言えるようになるためにはテ形をマスターしなければならないし、逆にテ形ができればそれに何かをくっつけていろいろ言えるようになるので、とても便利ですね。テ形が示すように、初級の中盤からは名詞

文や形容詞文よりも、動詞の形をいろいろと変えていく動詞文が、指導の中心になります。ここまでは「読みます」のようなマス形とテ形をやってきたんですが、次に大事になる形は「読む」のような普通の形のカテゴリーで、これを「普通形」と呼んでいます。さっそく、「読む」を例に普通形の活用を考えてみましょう。まず非過去の否定は？　カナさん。

カナ：読まない。

ロン先生：じゃあ過去形は？　ハルカさん。

ハルカ：読んだ。

ロン先生：最後に過去の否定形を、ユウキくん。

ユウキ：読まなかった。

ロン先生：皆さん正解です。前回、日本語の動詞を形で3つのグループに分けましたが、普通形の活用も、それぞれ違いますので、あとでやってみてください。それぞれの活用にも名前がついています。まず、

いちばん基本となる「読む」とか「食べる」は、国文法では「終止形」ですが、辞書を引くと出ている形なので、これを「辞書形」と呼びます。それで、否定の形は全部「ない」になるので、「ナイ形」、そして主に過去を表したりする形は「タ形」と言います。もちろん「読んだ」などでは語尾は「ダ」なんですが、すべてまとめて「タ形」と呼んでいます。で、最後の「読まなかった」のようなタ形の否定形、これだけ名前がないんですが、かわいそうなので（笑）、この授業では「ナカッタ形」とでも呼びましょうか。つまり、

普通形　－辞書形（例：書く）
　　　　　－ナイ形（例：書かない）
　　　　　－タ形（例：書いた）
　　　　　－ナカッタ形（例：書かなかった）

となり、それぞれグループ別に活用が違うことになります。

＼ サマリー ❶ ／

日本語教育の初級後半は動詞を中心とした文型が多くなり、普通形の活用である辞書形・ナイ形・タ形・過去否定形（ナカッタ形）とその拡張によるさまざまな文型を学習する。

上の講義を参考に、下の表を埋めなさい。

辞書形	ナイ形
タ形	**ナカッタ形**

1グループ：例）出す

辞書形	ナイ形
タ形	**ナカッタ形**

2グループ：例）見せる

辞書形	ナイ形
タ形	**ナカッタ形**

3グループ：する

辞書形	ナイ形
タ形	**ナカッタ形**

3グループ：来る

9-2　普通形の意味と機能

ロン先生：普通形がわかったところで、次は
その意味や働きを考えます。「行く」のよ
うな普通形にはどんな意味があって、どん
な文型で使うのか、パッと浮かんだものを
答えてください。では、ハルカさん。

ハルカ：やっぱり、丁寧じゃない形っていう
か、たとえば「明日、部活行く？」みたい
に友だち同士とかで使うものが浮かびま
す。

ロン先生：そうですよね？　ハルカさんの答
えはもちろん正解です。しかし、日本語
教師を目指すのであれば、パッと浮かんだ
ものの他に見落としがないか、他の働き
があるか、いつも考える習慣をつけましょ
う。普通形には「そのままで使う、丁寧で
はない意味を示す働き」「うしろに何かを
つけて使う、文の中の働き」があると考え

てください。　前者はまあ、大丈夫ですよ
ね（3人、うなずく）。そこで後者、つまり「普
通形のうしろに何かをつける場合」につい
て、たとえば次の2つの文を考えてくださ
い。

①帰りに買う食品はリンゴと牛乳です。
②彼は UFO を見たことがあります。

①は、「買う」という普通形の辞書形のう
しろに「食品」がついています。これはつ
まり、どういう食品かということを「（帰
りに）買う」という普通形が説明していて、
文法的には「修飾」していることになりま
すね。この「帰りに買う」ということばは
丁寧にしようとしても「帰りに買いました
食品」では変ですよね？　じゃあカナさ
ん、②の「見た」は普通形の中の「タ形」

106

ですが、丁寧な言い方にしようとして、ここを「見ました」に変えられますか?

カナ：いいえ、変えられないと思います。

ロン先生：そうですよね、「見ましたことがある」じゃ変ですね? こういうふうに普通形はうしろに何かが来る場合は、丁寧もカジュアルもなく、文字通り「フツー」なんです。別の言い方をすれば、日本語である物事を丁寧に話すかどうかという動詞の形は、文末で決まるんです。 文中に来る動詞は普通形を使い、これは丁寧もカジュアルもないんです。では、またそれぞれ教科書を見ながら、上の2つの他にどんな文型が普通形から作られるか、5分間で調べてみてください。(5分後)…いろいろあったと思います。実はこの「あったと思います」も普通形の使い方ですね。「～と思う」「～といった」みたいな心の中や他人のことばを引用する場合も普通形です。あ、でも考えてみたら、発表は皆さんでしたね(笑)。じゃあ、ユウキくんからどうぞ。

ユウキ：すいません、先生に言われちゃったんで、パスで(笑)。

ロン先生：じゃあ、パスは3回までで(笑)。カナさん。

カナ：はい、普通形のうしろに「こと」をつけて、できるとかできないとかを表す言い方がありました。

ロン先生：そうですね。カナさん、例文を読んでください。

カナ：「今井さんは中国語を話すことができます」。

ロン先生：そうですね。普通形のあとに「こと」をつけると、動詞が名詞になります。

これは7章でやった「形式名詞」の「こと」です。要するに「カナさんは泳ぐ」みたいに、もともとは述語になる動詞が「泳ぐことは楽しい」のように名詞化して、主語になるという意味です。じゃあ次は? ハルカさん。

ハルカ：ちょっとわからなかったんですけど、カナが言った18課の前の17課に「写真を撮らないでください」ってあったんですけど、「撮らない」は普通形の中の「ナイ形」って考えていいんですか?

ロン先生：もちろん、そう考えていいです。ここも普通形ですが、けっこう難しいですね。「ナニナニないでください」っていうのは、ナニナニをするな、というのを少し丁寧に言う言い方ですね。たとえば「うしろに座らなければなりません」のような文の場合、これは「ナニナニなければなりません」、つまりナイ形のイは取って、それに「ければなりません」をプラスしたことになります。これと意味的には逆の「ナニナニなくてもいいです」も、理屈は同じです。「ナイ形からイを取って何かを足す」という文型です。ここまででずいぶん出てきましたが、さっきパスしたユウキくん、他に見つかりましたか?

ユウキ：はい、けっこううしろの課に「ここに触ると、ドアが開きます」ってありました。この「触る」も普通形ですよね。

ロン先生：そうです! 「触ると」っていうのは、「触るという行為をしたら」ということですから、条件を示す言い方ですね。こんな風に、テ形が終わってからは普通形の4つ、つまり辞書形・ナイ形・タ形・ナカッ

タ形を組み合わせて、新しい文型を学ぶこ
とになります。

＼サマリー ② ／

普通形は、文末で述語になる場合は丁寧ではない意味になるが、文中
でうしろに他の語がついた場合には、丁寧さとは関係ない、さまざま
な意味に拡張する。

質問3 以下の①〜④の文は普通形の4種類のうち、どれを使っているか確かめて
ください。そして、他の3つの形でもそれが使えるかどうか、確認してく
ださい。

例：ブラウンさんは漢字を読むことができます。(辞書形)

・ナイ形　　×読まないことができます

・タ形　　　×読んだことができます

・ナカッタ形　×読まなかったことができます

①平野さんは来ると思います。

②ドアを閉めないでください。

③プロレスを見たことがあります。

④彼と会うときは帽子をかぶる。

9-3　受身形・使役形・意向形

ロン先生：ここまでマス形・テ形・普通形と動詞を勉強してきましたが、感想はどうですか？　ハルカさん。

ハルカ：こんなにいろいろ規則があったんだって、びっくりしました。けっこう覚えることもあるんで、正直おなかいっぱいというか…（笑）。

ロン先生：そうですよね。でも初級の文法をざっと押さえる上で、大事なところはあと少しです。おなかいっぱいでも、別腹のデザート（笑）として、なんとか入れちゃいましょう。最初にこのイラストを見てください（イラスト1）。この様子を「生徒が…」で始まる文で説明してください、ユウキくん。

こととは何か、このイラストに書き加える感じで、自由に描いてみてください。

ユウキ：何を描けばいいか、ぜんぜん想像がつかない。

ハルカ：たぶんポイントは、この先生だよね…。

カナ：先生は、何か命令したんだよね。「立ってなさい」みたいに…。

ハルカ：つまり、生徒は、立つことを「された」ってこと？

ユウキ：じゃあ俺、貢献してないから描くほうだけやるよ（笑）。

イラスト1

ユウキ：生徒が廊下に立たされています。

ロン先生：正解です。動詞のもとの形は「立つ」なんですが、ユウキくんが答えた「立たされる」はもとの形に、2つのことが重なってできている形なんです。その2つの

先生がさせる

生徒はそれをさせられる
イラスト2

ロン先生：はい、いいでしょう（イラスト2）。先生の顔のキズと生徒の涙はいらないんですが（笑）。「立たされた」というのは、生徒のほうの気持ちは考えずに、先生が何かを命じて、それに生徒がしたがったことで、これを「使役の受身」と言います。詳しくはあとで説明するとしてカナさん、

「勉強する」という動詞を使役の受身にしてみてください。

カナ：ええと、勉強させ、られる？

ロン先生：正解です。ハルカさん「読む」は？

ハルカ：読ませられる、アレ？　読まされる？

ロン先生：どっちも正解ですよ。じゃあこの「使役の受身」という形はかなり複雑なので、順を追って分析してみましょう。最初はあとのほうの「受身」からです。ユウキ君、この簡単な英文を訳してください（板書1）。

The mouse was
eaten by the cat.

板書1

ユウキ：はい、「そのねずみは、その猫に食べられた」

ロン先生：そうです。この「食べられた」が日本語の受身の形になります。で、もとの文は「その猫はそのねずみを食べた」ですから、受身のときは猫とねずみの文の中の位置が変わっているわけです。つまり受身というのは、ある物事を「されたほうの立場」（この場合だったら食べられたほうのねずみの立場）から述べる方法です。日本語では「れる」「られる」といった活用になります。ちょっと作ってみましょうか。まず「彼女はわたしをぶった」。ハルカさん、わたしは…。

ハルカ：わたしは彼女にぶたれた。

ロン先生：いいですね。次はカナさん「村上春樹は『1Q84』を書いた」。これは「『1Q84』は」…。

カナ：村上春樹に…、よって…、書かれた？

ロン先生：そうですね。作品や建築物のように、新しい何かを作り上げたときは「〜に」より「〜によって」が来ますね。「ぶつ→ぶたれる」「書く→書かれる」だから、1グループの受身の形は「ナイ形」（例：ぶたない　書かない）のナイより前の形に「れる」をつけたものになります。2グループは、「食べられた」のように、これはマス形やナイ形の前の部分、この場合だったら「食べ」に「られる」がつきますね。次に受身の意味の分類ですが、ざっくり言うと「気持ちが入る」「気持ちが入らない」のどっちかです。

気持ちが入るっていうのは「ほめられた」からうれしかったとか「笑われた」からイヤだったとか「盗まれた」から悔しかったとか、何か感情が入る用法です。

ところが、ダレダレによって小説が「書かれた」とか、2020年にオリンピックが「開かれる」みたいなのは事実を伝えるだけで、別に気持ちは入らないですよね。ざっとこう考えておけばいいです。じゃあ次は、前ページの怖い先生（笑）が生徒に「させる」というのを考えましょう。こちらはさっきのイラストの「使役」と言います。

使役とは「誰かが何かをすることを、別の誰かが引き起こす」という意味です。さっきのイラストでいえば「生徒が立つことを先生が引き起こす」という意味ですね。この場合、生徒は立つことなんかしたくな

かったけど、先生がそれを「させる」わけです。　ただし使役はそういう命令や強制ではなくて、「やらせてやろう」と許可する場合もあります。

ユウキ：それって、宇宙人侵略の映画で、誰かがこのミサイルを命がけで敵の UFO にぶつけなければならない場合に、主人公が「隊長、やらせてください」とか言うやつですか？

ロン先生：そうです。主人公が「わたしにやらせてください」。それで隊長が「やらせてやろう」とか言うやつです（笑）。許可の使役のやりとりですね。次に使役の形なんですが、さっき少し言いましたが、形は2つあるんです。「立たせる・立たす」みたいな感じですね。でも日本人で、普段から「使役の形は2つあるな」とか意識している人はいないですね？　作り方はさっきと似ています。つまり、1グループの場合はナイ形のナイの代わりに「せる」か「す」をつけるわけです。「読ませる・読ます」です。ではハルカさん、2グループ、たとえば「食べる」は？

ハルカ：受身のときと同じで、ナイとかマスをつける代わりに「させる」をつけると思います。「食べる→食べさせる」みたいに。

ロン先生：そう、食べさせる、あといちおう、「食べさす」ですね。じゃあカナさん、3グループの「する」「来る」を、それぞれ使役形にしましょう。

カナ：はい、「する→させる」で、「来る→来させる」ですか？

ロン先生：そうですね。で、この受身と使役を足したものが最初に出てきた「立たされる」みたいな複合の形、つまり「使役の受身」になるわけです。初級ではあまり例文がないんですが、受身と使役の2つを足した場合は「勉強させられる」とか「手伝わされる」とか、すべて強制の意味になります。さて、じゃあ動詞の活用もそろそろ終わりにしますが、あと1つだけ。ハルカさん、「行く」を、誰かをいっしょに誘うときの言い方にしてください。

ハルカ：行こう？

ロン先生：そう、最後は「いこう形」です。わたしは学生時代「行こう形」と覚えていましたが、実際は「意向形」と書きます。つまり「行こう」は「行く」の「意向形」です（笑）。読もう・食べよう・休もう、などです。　意向形の意味は、大きく2つに分かれます。誘う人がいるか、いないかです。いる場合は、「～ましょう」とほぼ同じ意味で、いっしょに何かをしようとする場合の働きかけですね。誘う人がいないというのは、自分に対して使う意向形です。たとえば心の中で、「朝ごはんが軽かったから昼はがっつり食べよう」などと思ったりする場合です。これは自分がこれからナニナニをするよ、ということを示すので「食べようとする」「食べようとしたら」などの文型に拡張します。これ、マス形ではできないですね。「*食べましょうとする」じゃ変ですから。　これで、動詞の活用はほぼマスターしたことになります。じゃあ3つのグループそれぞれの変化の形を書いてみましょう（質問4のプリントを配る）。やっていないところもありますが、皆さんはここまでで動詞のカンがついたので、なんと

かできるところまで穴埋めをやってみてください。

カナ：（小声で）え、こんなに？

ロン先生：…と、思うでしょ？　でも紙1枚で済むって、実はすごいことなんです。カナさん、第2外国語は何ですか？

カナ：フラ語、あ、フランス語です。

ロン先生：じゃあ動詞活用の本を買ったでしょう？　フランス語やイタリア語は動詞の活用のために薄い本を1冊覚えなくちゃいけないんですが、日本語はそれと比べたら学習者にはずっと易しいと言えます。

カナ：あぁ、たしかに…。

＼ サマリー ❸ ／

受身形は物事をされたほうの立場から述べる場合の形で「気持ちが入る・入らない」で意味分類できる。使役は誰かの行動を別の誰かが引き起こすことを述べる場合の形で、強制・許可などの意味がある。また意向形は誘いや自分の意思を示す場合の形である。

質問 4 以下の動詞活用表の空欄を埋めなさい。

1グループ	ない	使役	受身	ます	テ	タ	辞書	否定命令	可能	命令	条件	意向
	ない	せる	れる				。	な	る	。	ば	う
出す				し	して	した					せ	
書く				き	いて	いた	く				け	
泳ぐ		が		ぎ		いだ						
買う					って		う					お
待つ		た			って							
取る		ら		り	って		る				れ	ろ
読む				み		んだ	む					も
飛ぶ		ば		び		んだ	ぶ				べ	
死ぬ		な		に		んだ	ぬ					の
2グループ	ない	使役	受身	ます	テ	タ	辞書	否定命令	可能	命令	条件	意向
食べる	ない			ます	て	た	。			ろ		よう

3グループ	ない	使役	受身	ます	テ	タ	辞書	否定命令	可能	命令	条件	意向
する	しない	させる		します	して	した	する					しよう
くる	こない		こられる				くる				くれば	

9-4 単文と複文

ロン先生：最後の事項として、日本語の文を「単文」「複文」に分けて考えます。まずユウキくん、「単」で始まる漢字2文字の語を何か言ってください。

ユウキ：じゃあ「単品」？

ロン先生：いいですね。じゃあカナさん、「単品」の逆って何でしょうか？

カナ：え？　セット…（笑）ですか？

ロン先生：なるほど。ファミレスなどでドリンクやサラダをつけない場合を「単品」って言いますが、日本語には「複品」っていう語はないですから、この場合、たしかに逆はセットかもしれません。ではこの考え方を使って、日本語の文の種類を探ってみます（イラスト3）。この絵を見てください。

パスタ単品

パスタ
ミニサラダ
セット

イラスト3

単文というのは、1つの節だけでできている文です。節というのは「述語が入っているカタマリ」だと思ってください。どんな文でも最低1つの述語がないと、文にはなりませんね。つまり単文というのはファミレスのたとえを使えば、メニューとしてギリギリ成立するものです。そして複文とい

うのは、その節が2つ以上あるものです。重文というのもありますが、複文と区別が難しいので、ここでは複文の一種として考えます。複文はこの絵で言うと、下のパスタ＆ミニサラダセットみたいなものです。このセットの「主」になるものはパスタで、それについてくる「従」のほうはミニサラダですよね？　同じように複文というのは、

・主節・・・他の節に含まれない節
　　（例：パスタセットのパスタ）

・従属節・・・主節などの他の節に含まれてしまう節（例：パスタセットのミニサラダ、ドリンクなど）

から成り立っています。パスタセットであれば、どっちが「主」なのかは見ればわかりますし、「ナポリタンセット」であれば、名前だけでも「主」がどっちか、わかりますね。では実際の文ではどうでしょうか？これから初級で学習する文を書くので、この中でパスタセットのパスタにあたる主節、ミニサラダにあたる従属節は、それぞれどの部分でしょうか？　3人で考えてください（板書2）。

「山田先生は学生に、田中先生が
月曜日にテストをすることを伝
えた。」

板書2

ハルカ：述語っていうか、動詞は「する」
　　　　と「伝えた」だよね？
カナ：つまり「田中先生が月曜日にテス
　　　トをする」っていう節が1個あって…。
ユウキ：伝えているのは「山田先生」だ
　　　　から、真ん中を飛ばして「山田先生は
　　　　〜伝えた」でもう1個？
ハルカ：じゃあ主節はどっち？
ユウキ：「山田先生は伝えた」の節が、何
　　　　ていうか、文の中にある田中先生のほ
　　　　うを含んでいるみたいだから、こっち
　　　　じゃない？

ロン先生：ハイ、正解です。この「田中先生
　　　　が月曜日にテストをすること」というの
　　　　が従属節で、全体として名詞と同じ働きをし
　　　　ています。どういうことかというと、ここ
　　　　の節のところを「中止」とか「重要事項」
　　　　みたいな名詞にしても、この文は成り立つ
　　　　でしょう（板書3）？

「山田先生は学生に、中止を伝え
　　　　　　　　　　　名詞
た。」

板書3

こういう節を「名詞節」って呼びます。カ
ナさん、じゃあ手持ちの教科書から、名詞
節が出てくるところを探して、例文を教え
てください。

カナ：ハイ。ええと…、「ここでは写真を撮
　　　ることができます」。

ロン先生：いいですね。名詞節は「写真を撮
　　　　ること ＋ が」ですね。まだありますか？
　　　　ユウキくん。

ユウキ：「わたしはあした大雪になると思い
　　　　ます」もそうですか？

ロン先生：そうです。これも「明日大雪にな
　　　　ること」を示す名詞節で、心の中を伝えたり、
　　　　人の言ったことを引用したりするので「引
　　　　用節」と呼んだりもします。あとハルカさん、
　　　　まだありますか？

ハルカ：「あれはティムさんが買った辞書で
　　　　す」はどうですか？

ロン先生：たしかにこの文の中には「ティム
　　　　さんが買った」という節があるんですが、
　　　　これは名詞節ではありません。じゃあ何
　　　　かというと、この「ティムさんが買った」
　　　　という節は、すぐあとに来る「辞書」がど
　　　　ういう辞書なのかを、説明していますね。
　　　　こういう節のことを「連体修飾節」と言い
　　　　ます。長い名前で複雑に思えますが、「連
　　　　体」の「連」は、「連続」の「連」と同じ
　　　　で、続くとか関わるっていう意味ですね。
　　　　そして「体」は「体言」のことで、名詞や
　　　　代名詞のことをこう呼ぶときがあるんで
　　　　す。で、前にちょっとやった「修飾」って
　　　　いうのは大ざっぱに言えば「説明」ってこ
　　　　とですから、「連体修飾節」とは「名詞な
　　　　どを説明する節」ということです。英文法

の世界で言えば、関係代名詞の節に相当します。　ただ、日本語の名詞修飾節と英語の関係代名詞の節では、かなり違いがあります。ある内容を実際に日本語と英語で書いてみましょうか（板書4）。

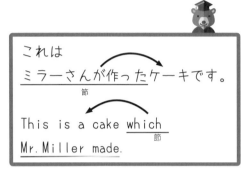

これは
ミラーさんが作ったケーキです。
　　　　　　　節

This is a cake which
Mr. Miller made.
　　　　　　　　　節

板書4

下の文のように、英語では名詞を説明する節は、その名詞のうしろにつけますね。ところが日本語にはうしろから説明するという形が、文法的にないんです。つまり「ミラーさんが作って翌日楽しみに食べようと思っていたのに、悪いティムさんに冷蔵庫から取られてしまったケーキ」（笑）のように、いくら長くても前につけられるんです。一方、英語の場合は「おいしいケーキ」だったら a tasty cake のように前につけて修飾しますが、長くなると上の例文のように、修飾する部分はうしろにつけます。これは英語圏の国から来た学習者には、大事な知識です。さて、日本語の節には今やった名詞節・連体修飾節の他に、あと1つ「連用修飾節」、つまり動詞や形容詞を説明する節があります。カナさん、「連体」に対して「連用」って何だと思いますか。

カナ：先生がさっきおっしゃった「連体」が

体言にかかわることだから、「連用」は、用言にかかわることですか…？

ロン先生：そうです。用言というのは、動詞や形容詞のように、活用することばのことです。つまり「連用修飾節」というのは、動詞や形容詞に関わってそれを説明する節っていうことです。具体的に考えてみましょう。ハルカさん、さっきもやりましたが、もう一度、ユウキくんが普通形のところで読んでくれた文を読んでください。

ハルカ：「ここに触ると、ドアが開きます」。

ロン先生：そうですね。はじめの「ここに触ると」が連用修飾節で、主節は「ドアが開きます」です。じゃあユウキくん、「ここに触ると」という節は、それに続く「ドアが開きます」と、どう関連しているんでしょうか？

ユウキ：あの、ドアがいつ、どうすると開くかっていう…。

ロン先生：正解です。　この「ここに触ると」はさっきの「ケーキ」のように名詞を説明しているのではなく、「開きます」という動詞を説明していることになります。つまり、働きとしては「明日」とか「ゆっくり」のような、主に動詞を説明することば、つまり副詞と同じ役割です。たとえば「ここにさわると」の代わりに「明日」に置き換えた文は、「明日、ドアが開きます」のようになりますね。まあドアのどこかに触れて、翌日まで待たないと開かないというのはありえないんですが（笑）、これで3つの従属節、つまり「名詞節」「連体修飾節」「連用修飾節」についてはわかったと思います。　あと、最後の連用修飾節の「ボタ

116

ンを押すと」なんですが、こういう「ナニ
ナニすると」という仮定や条件を示す節に
は「ボタンを押せば」「ボタンを押したら」
のように似たものが多くて、教えるほうも
学ぶほうもけっこう大変です。ですからあ
る場面において、他のではだめで、この表
現しかないっていう例文をきっちり覚え

ておくことが大切ですね。では、これで駆
け足でしたが、初級の日本語文法の重要部
分はおさえたとしましょう。

＼ サマリー ❹ ／

節（述語を含むカタマリ）が1つの文は単文、2つ以上あると複文。
複文は主節と従属節があり、従属節は「名詞節」「連体修飾節」「連用
修飾節」に分かれる。

質問5 以下のア〜ウの従属節は、いずれも「条件」や「仮定」を表しています。う
しろに来る主節としてぴったりくるものはどれか、A〜Cから選んでくだ
さい。

ア．雨がやむと　　　　　A. この窓を開けてください。

イ．雨がやめば　　　　　B. 気温が上がりはじめます。

ウ．雨がやんだら　　　　C. また富士山がよく見えます。

初級の日本語には「Ａ は Ｂ が Ｃ」という形の文型があります（例：わたしは頭が痛いです。田中さんは中国語が得意です）。初級の教科書からこの文型がいくつあるかを探し、共通する点を見つけなさい。また、この文型をはじめて学習者に示す場合、どのような手順で理解してもらい、使ってもらうか、「わたしは猫が好きです。」という文を例にして、授業の進め方を 1,000 字程度で書きなさい。

（所要時間 90 分）

次はこれを読もう

● 市川保子 (2005).『初級日本語文法と教え方のポイント』スリーエーネットワーク
　この本は、日本語教師であれば一生使える、教師のための参考書です。初級文法の輪郭をなぞったレベルの皆さんが、それぞれの事項を深め、関連づけ、学習者のために整理するためには最適です。全体的に日本語学習者の視点から書かれているので、日本語を母語とする教師が読むと、外国人はこんなことを疑問に持つんだ、こんなところがわかりにくいんだ、という発見がいくつもあることでしょう。

―質問のこたえ―
質問1
①Cだけが受身の文、AとBは通常の文。
②Cだけが複文、AとBは単文。

質問2
①出す－出さない－出した－出さなかった
②見せる－見せない－見せた－見せなかった
③する－しない－した－しなかった
④来る－来ない－来た－来なかった

質問3
①辞書形：使える　　ナイ形：使える　　タ形：使える　　ナカッタ形：使える
②辞書形：使える　　ナイ形：使える　　タ形：使えない　ナカッタ形：使えない
③辞書形：使える　　ナイ形：使えない（非過去形の否定は「見ることがありません」）
　タ形：使える　　ナカッタ形：使えない（過去形の否定は「見たことがありませんでした」）
④辞書形：使える　　ナイ形：使える　　タ形：使える　　ナカッタ形：使える

質問4

1G	ない	使役	受身	ます	テ	タ	辞書	否定命令	可能	命令	条件	意向
	ない	せる	れる				。	な	る	。	ば	う
出す		さ		し	して	した	す			せ		そ
書く		か		き	いて	いた	く			け		こ
泳ぐ		が		ぎ	いで	いだ	ぐ			げ		ご
買う		わ		い			う			え		お
待つ		た		ち	って	った	つ			て		と
取る		ら		り			る			れ		ろ
読む		ま		み			む			め		も
飛ぶ		ば		び	んで	んだ	ぶ			べ		ぼ
死ぬ		な		に			ぬ			ね		の

2G	ない形	使役	受身	ます	テ	タ	辞書	否定命令	可能	命令	条件	意向
食べる	ない	させる	られる	ます	て	た	。	るな	られる	ろ	れば	よう

3G	ない形	使役	受身	ます	テ	タ	辞書	否定命令	可能	命令	条件	意向
する	しない	させる	される	します	して	した	する	するな	できる	しろ	すれば	しよう
くる	こない	こさせる	こられる	きます	きて	きた	くる	くるな	こられる	こい	くれば	こよう

質問5
ア-B　イ-C　ウ-A

第10章 日本語の練習方法 －ドリル－

▼ この課の目標

"Can-do" Descriptor

ドリルの役割と種類がわかり、それを授業で実践できる。

質問1
1. 中学校で英語を習ったとき、教室内で「自分で口にした英語」はどんなものでしたか。

2. どういう状況でそれを口にしましたか。

3. 先生はそれを言わせるために、何か指示をしましたか。

10-1　ドリルの定義と方法

ロン先生：前回までで、音声や文法に関する基礎的な知識は押さえました。今回は教え方に戻り、学習者に日本語を話してもらう方法を勉強します。まず、この2冊の本を見てください（図1）。こういう本は普通、どのように呼ばれていま

すか？　カナさん。

カナ：はい、この左のはたぶん「計算ドリル」だと思います。

ロン先生：そうですね。じゃあハルカさん、右の本は何と呼ばれていますか（図2）？

ハルカ：「漢字ドリル」だと思います。

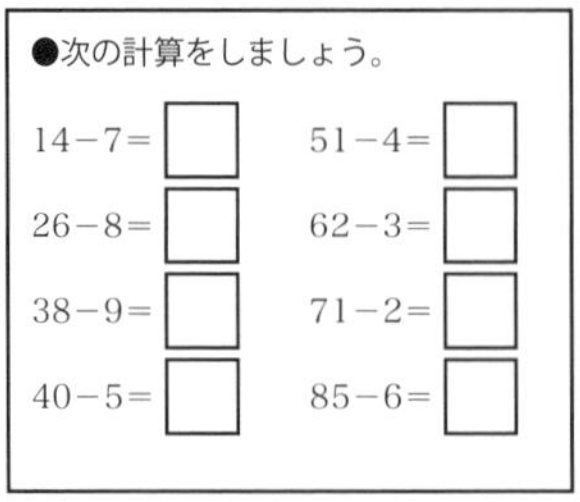

●次の計算をしましょう。

14−7=		51−4=	
26−8=		62−3=	
38−9=		71−2=	
40−5=		85−6=	

図1

肉を食べる　野にさく花　米をとぐ　わらい声

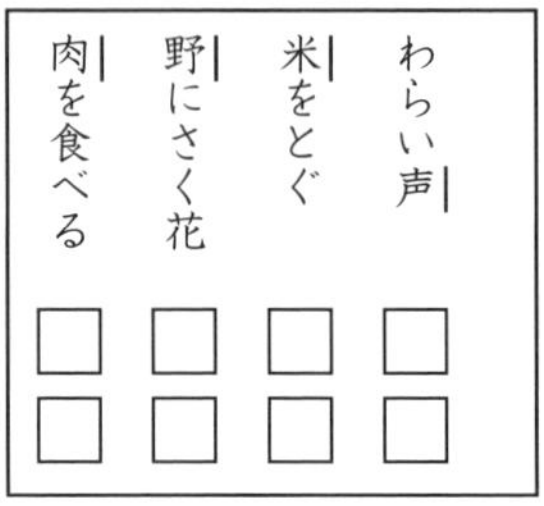

図2

ロン先生：そうですね。どちらも「ドリル」という名前は同じです。この「ドリル」が今日の授業のテーマなんですが、そもそも「ドリル」って何でしょうか？　まず3人で考えてください。

ハルカ：ドリルってさあ、よく宿題で出たよね。

ユウキ：そうそう。同じことを繰り返すんでけっこう飽きちゃう。

カナ：たしかさぁ、ページの上のほうに制限時間とかなかった？

ハルカ：あったあった！　あと1ページ終わるたびにお菓子を食べるとか決めて…。

ユウキ：やったやった、それ！

ロン先生：何だか「ドリルあるある」になっていますが（笑）もともとドリルって、穴を開けるための工具なんです（写真1）。穴を開けるためには、昔のドリルの場合、持ち手のところを握って何十回もグルグル回すわけです。つまり動作の繰り返しですね。この意味が変わって、何かをマスターするために同じアクションを繰り返しするための方法や教材を、ドリルと呼ぶようになったんです。だから漢字ドリルも計算ドリルも「同じようなことの繰り返し」がポイントですよね。ちなみにアメリカにもドリルはあって、これは幼稚園児がスペリングを覚えるためのドリルです（写真2、3人、へぇーという顔）。では漢字ドリルや計算ドリルをする目的とは何なのでしょうか、ユウキくん。

写真1
©lucielang

SERIES 1

_GE (1)	AI_ (1)
_NY (1)	_PE (1)
AR_ (3)	_RM (1)
_RT (1)	_AG (8)
BE_ (4)	B_G (4)
B_T (4)	B_X (1)

写真2：幼稚園時がスペルを覚えるためのドリル
Toth, K. (2013). Cognitive English Spelling Bootcamp for Kindergarten. Amazon Services Int'l.

ユウキ：やっぱり漢字でも計算でも、繰り返すと早くできるようになるし、正確になるんじゃないかと思います。体で慣れるっていうか…。

ロン先生：そうですね。繰り返してやればそれが習慣になるっていうのが、ドリルの目的です。では日本語教育のドリルなんですが、たとえばこのようなものです。「例」のところを見てください。ローラという人のイラストがあって、その横に仕事と出身国にあたることばが書いてありますね。このことを説明する文が、下に書いてある「ローラさんはイギリス人です。」というわけです。じゃあ、学習者になったつもりで、ハルカさん、「1」をやってください。

例		ローラ	ビジネスパーソン	イギリス
1		リー	先生	中国
2		マーク	医者	カナダ
3		ジャック	学生	タイ

例：ローラさんはイギリス人です。

ハルカ：ええと…、リーさんは中国人です。

ロン先生：ハイ、正解です！　日本人のようにキレイな発音です（笑）。じゃあ「2」を、カナさん。

カナ：マークさんはカナダ人です。

ロン先生：また正解です！　じゃあユウキくん、構えてますが、「3」はやめて（笑）、「例」に戻ってください。ローラさんの「イギリス」の右に「ビジネスパーソン」ってありますね。ここからもう1つの文が作れますが、何でしょうか？

ユウキ：あ、はい。「ローラさんはビジネスパーソンです」

ロン先生：そうですね。じゃあこれを使ってハルカさん、「3」をどうぞ。

ハルカ：ジャックさんは学生です。

ロン先生：いいですね。じゃあカナさん、「2」をお願いします。

カナ：あ、右のですか、左のですか？

ロン先生：あ、ごめんなさい、じゃあ左ので。

カナ：マークさんは医者です。

ロン先生：ハイ、正解です。つまりここには1から3まで各2つ、合計で6つの答えが

あります。じゃあ、こういう教室でのやりとりをなぜ「ドリル」と呼ぶのか、ハルカさん、わかりますか？

ハルカ：今のような文を作るのは、計算や漢字と同じように正しい答えが1個しかなくて、それを順番にどんどんやっていくからでしょうか？

ロン先生：その通りです。外国語教育のドリルも、漢字や計算と同じで、答えはいつも1つです。つまり学習者の言うことは、とても制限されているんです。ドリルの目的は、習ったばかりの文型とか単語を聞けるかどうか、そしてそれを実際に使って「文法的・音声的に正しい文」が作れるかどうか、耳慣らしや口慣らしをすることにあります。ですから教えるほうもだいたい合ってるからいいでしょう、といったあいまいな評価はせず、音声的にも文法的にも正確に言えるように指導したほうがいいですね。ここまでは皆さんに、学習者になったつもりで答えてもらいました。でも実際、皆さんは日本語を学ぶほうじゃなくて、教えるほうになるので、さっきわたしがやったことをしなくちゃいけません。じゃあさっき、わたしは何をしていましたか。カナさん。

カナ：「2番をする」とか、「右のをする」とか、そういう指示をしていました。

ロン先生：そうです。ドリルをするためには、まず教えるほうが学習者に向けて、口で指示をするなり、絵を見せるなり、何らかの「働きかけ」をします。この働きかけのことを「キュー」と言います。アルファベットのQじゃなくて、cueと書きます。

つまりドリルの基本的な流れは、「教師がキューを出す→学習者が答えの決まった文を口にする→教師がそれを評価する」という流れになります。学習者が何をするのかわからないと困るので、キューはいつも正確に示してください。　さっきわたしはカナさんに当てたとき、右の国名で文を作るのか、左の仕事名で文を作るのか言い忘れたのですが、ああいうキューはだめですね（笑）。

＼ サマリー ❶ ／

ドリルとは教師のキューに応じて学習者が答えの決まった文を言う練習方法であり、その目的は新しい学習内容に対して耳や口を慣らすことにある。

①教師役と学習者役でペアになり、実際にドリルをやってみましょう。教師役の人は、下の絵を参考にしてキューを出してください。学習者役の人はそれが「きちんと通じるキュー」かどうかを確認して、正しい答えを言ってください。すべてできたら役割を交替してもう1回やりましょう。

例		ローラ	イギリス	UKT 派遣社員
1		サムエル	フィリピン	国際ホーム 弁護士
2		パク	韓国	Kookle エンジニア
3		ティム	アメリカ	東都大学 留学生

例：(写真を見ながら)

A：この人はだれですか？

B：イギリスのローラさんです。UKT の派遣社員です。

②上の絵を使って、他にどんなドリルのやりとりができるか、質問と答えを考えなさい。

10-2　ドリルの進め方と種類

ロン先生：では具体的なドリルのやり方を、授業ビデオを見ながら考えてみましょう。ビデオを見ながら、「先生の働きかけ、つまりキューに応じて学習者が決まった文を言う」という活動がされているかどうか、確かめてください。(全員で「文型の導入」からビデオを視聴) では最初から時間順に、どんなドリルがなされていましたか？　ユウキくん。

ユウキ：はい、最初に先生が「行きます」と言ったら、みんな同じように「行きます」と言っていました。

ロン先生：そうですね。「行きます」だけでは文とは言えないかもしれませんが、あとに続く文の一部にはなっていますね。じゃあ次は、ハルカさん。

ハルカ：はい、今のが長くなって、先生が「大阪へ行きます」と言ったら、全員で「大阪へ行きます」と繰り返していました。

ロン先生：その通りです。同じことを繰り返すのは、いちばん単純なドリルです。ここで2つ、確認しておきましょう。まず「行きます」を学習者に言ってもらうとき、先生は手で「こっちへ来て」のような動きをしていました。つまり口によるキューじゃなくて、手によるキューもあります。

　次にこのドリルでは、「行きます」が「大阪へ行きます」になっていますから、文はうしろから前に長くなっています。これは日本語が、文の中でいちばん大事なこと、つまり結論に当たる述語が文の終わりに来ているためで、ここを基準にして長くし

ていけば、大切な部分を何回も繰り返して言えるので、学習者にこの文型がより定着すると考えられます。　ポイントを押さえたところで、また授業の中のドリルに戻りましょう。ユウキ君、他にどんなドリルが見つかりましたか？

ユウキ：ええと、大阪の文のあとで、先生が「名古屋」だけ言って、学生の1人が「名古屋へ行きます」と言っていました。

ロン先生：正解です。ここでは単純に同じ文を繰り返すのではなくて、「大阪へ行きます」というもとの文を、「名古屋へ行きます」に変えて、学習者が言っていますね。地名が変わっただけですが、ちょっとだけ進んだドリルと言えます。じゃあ、さらにこのあとはどうなりましたか、カナさん。

カナ：名古屋が北海道になって、先生が飛行機の絵を見せて「飛行機で北海道へ行きます」のように、文が長くなりました。

ロン先生：そうです。「行きます」だけよりも、かなり文が長くなりました。文の長さとしてはこの授業ではこれがいちばん長いんですが、キューで気がついたところはありますか？　ハルカさん。

ハルカ：先生の指示が「電車・横浜」みたいに、単語2つになって、学生がそれを聞いて「電車で横浜へ行きます」と答えていました。

ロン先生：そうですね。授業時間は短いのですが、いろいろな種類のキューとドリルが組み込まれているのがわかると思います。ドリルには、だいたい以下のような種類があります。教員は文型の難易度や形に応じ

て、これらを使い分けて学習者にやってもらいます。ここに○とか△などが書いてありますが、これは左の図形がもとの文、→（矢印）がキュー、右の図形が学習者に言ってもらう文ということです（板書1）。

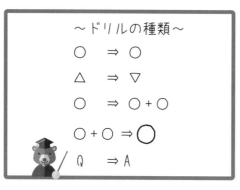

～ドリルの種類～
○ ⇒ ○
△ ⇒ ▽
○ ⇒ ○＋○
○＋○ ⇒ ◯
Q ⇒ A

板書1

最初は○が○、つまり教え手が言ったことをそのまま繰り返すもので、さっきの「行きます→行きます」に当たります。こういうドリルを「反復ドリル」と言います。次のは△が逆を向いていますね。これは「名古屋へ行きます→北海道へ行きます」のように、少し形が変わったことを表しており、「代入ドリル」と呼ばれます。3つめは、○が1つから2つに増えていますが、これはもとの文に何かを付け加えていくものです。たとえば「北海道へ行きます→飛行機で北海道へ行きます」のようになるもので、これを「拡大ドリル」と呼びます。

ビデオでやったドリルはここまでですが、ビデオではやっていなかった残りの2つのドリルも考えてみましょう。カナさん、次はさっきの逆で、マル2つを足して、ちょっと大きい○になっています。これはどういうドリルだと思いますか。

カナ：たぶん、先生が文を2つ出して、それを足して1つの文にするドリルだと思います。

ロン先生：正解です。ちょっとやってみましょうか。ユウキくん、「雨が降ります・うちにいます」、つなげてください。

ユウキ：雨が降ったら、うちに、います？

ロン先生：そうです、ありがとう。これは「降ったら」とか「来たら」のように条件を示す複文を教えるときに行うことの多いドリルで、こういうものを「結合ドリル」と呼びます。そして最後の「Q → A」が示すのは、先生が質問して、学習者が答える「応答ドリル」です。これは自由な質問ではなく、ドリルはいつも学習者の答えが決まっていますから、教えるほうとしては、たとえば「大阪へ行きますか？　…いいえ」のように答えとなる部分の一部をキューとして与えます。それによって学習者は誰でも「いいえ、行きません」のような同じ答えを言うことになります。

╲ サマリー ❷ ╱

ドリルには反復ドリル・代入ドリル・拡大ドリル・結合ドリル・応答ドリルなどがあり、文型の種類や難しさに応じて使い分ける。

質問3 ペアになり、教え手の役と学習者の役になって、以下の文から「反復ドリル」「拡大ドリル」「代入ドリル」をそれぞれ作ってやってみましょう。以下の文はいわば「完成品」で、この一部である「送りました」からドリルを始めて、最終的にこの文が言えるようになることがゴールです。一通りできたら、それぞれの役目を交代して、もう1回やってください。

　　　　　・山田さんはお母さんにカードを送りました。

10-3　ドリルにおける「本物・自分・面白い」

ロン先生：さっきはドリルの種類をいろいろ見てきましたが、今までに英語を習ったときにやったドリルはどうでしたか？（なぜか3人とも顔が暗い）カナさん。

カナ：中学校のときの英語では、部屋のイラストを見て、「本はどこにありますか」という質問に答えるような応答ドリルをしたんですが、なんか本物の英語じゃないな、みたいに思ったことがあります。

ロン先生：あぁ、なるほど。わたしも日本で出版されている教材のイラストは、かなりファンシーというか、あまり上手じゃないサンリオ系のもの（笑）が多くて、本物らしさに欠けるな、と思うことがあります。じゃあハルカさんはどうですか？

ハルカ：やっぱり似た感じで、日本人の英語の先生が机を指さして "Is this a pen?"（笑）とかみんなに聞いてたんですけど、休み時間に、「あんなの意味わかんない」とか友だちと言っていました。

ロン先生：なるほどね。実際、ドリルをすることの是非は、語学の先生の間でも評価が分かれています。ドリル反対派の意見

の多くは「ドリルなんて本物じゃないし、意味がないからつまらない」というものです。しかし逆に言えば「本物の題材で意味ある活動をすればドリルは楽しいものになる」わけです。皆さんだけでなく、ことばの学習者というのは、今習っていることが本物か本物じゃないかということはわかるものです。だからたとえば実際に部屋の中にあるものを聞くドリルをしたり、実際に存在する誰かの部屋の写真を使ってドリルをしたりすれば、手書きのイラストなどと比べて「本物感」はグッと上がります。ではもう1つ、ユウキくん、誰の部屋の写真だったら面白くなりますか？

ユウキ：あ、できるかどうかわかんないですけど、先生の部屋とか、その教室にいる誰かの部屋とか。

ロン先生：なるほどね。じゃあどうして、知っている人の部屋だと面白いんでしょうか？

ユウキ：さっきの2人の言ったことと同じで、自分自身とか友だちのことなら興味があるけど、知らない人のことには興味がないっ

ていうことだと思います。中学のとき、英語の教科書にアメリカ人のリンダ25歳とか出てきたんですけど、心の中ではリンダって誰？（笑）って感じで、自分と関係ないとか思ってたんで…。

ロン先生：その通りですね。本物で面白いドリルをする場合のキーワードは「自分」です。わたしもときどき学食で食事をすることがありますが、学生の話を聞いていると誰も彼も「俺が…」「うちが…」って、自分の話しかしないですよね。あんまり相手の言うことは聞いていないようです（笑）。そういう意味では誰でも自分については言いたいものだし、自分というのは間違いなく、実在するホンモノですよね。たとえば教科書には「わたしはピザが好きです」という、好き嫌いを言うときの文型があります。誰が教師をやっても、この課の練習はけっこう盛り上がります。理由はいま言った通りで、ドリルを少し工夫すれば、学習者が自分のことを言う機会があるからです。ですから答えが決まっているドリルでも、何とか工夫して学習者に「本当の自分のこと」を話してもらえれば、ドリルは面白くなります。　まあ、さっきハルカさんが言っていた、机を示して「これはペンですか？」って聞くのはある意味、面白いんですが…（笑）、これは英語で言えば funny, つまり「くだらなくておかしい」であって、interesting, つまり「知的に面白い」のとは違います。そこで皆さんに課題です。「本物・自分・面白い」をキーワードにして、「これはペンですか？」が入っているドリルを考えてください。

ユウキ：これちょっと、無理じゃない？

カナ：そうだよねー。普通、「これはペンですか？」って誰にも言わないし？

ハルカ：言うとしたらアレかな、文具売り場に行って、ペンか鉛筆かどっちか見分けがつかないのを見て、ペンなのか鉛筆なのかを店員さんに聞くとか？

ユウキ：あ、俺そういうの持ってる！これ、「鉛筆シャープ」（2人に見せる）。

カナ：このペンはユウキが持ってるからたしかに「本物」だけど、シャープペンだっていうことは見ればわかるから、それ、わざわざ聞く？

ハルカ：パッと見た感じで、わからなかったら聞くかも…。

カナ：でもこれ、わかるよ。

ユウキ：じゃあいっそ目隠ししちゃう？

カナ：あ、それアリかも！

ハルカ：逆にペンそのものを隠しちゃうとか？

ロン先生：じゃあ、発表をお願いします。

ハルカ：はい、まず、教室で学習者からペンとか鉛筆を1本ずつ集めます。先生は1本ずつそれを見せて、たとえば「マリアさんのペンです」みたいな文を言って、学習者はそれを聞いて、先生のあとについて言います。

ロン先生：あぁ、反復ドリルですね。それから？

カナ：それが終わったら、先生は誰にも見えないようにその中の1本を封筒に入れておきます。封筒の上から触らないとわからないようにして、それを学習者に渡して「こ

れはペンですか?」と聞きます。

ロン先生：あぁ、今度は応答ドリルですね。まだありますか?

ユウキ：誰か学習者が触って「はい、ペンです」とか「いいえ、ペンじゃありません。鉛筆です」とか答えるので、もし当ってたら今度は「じゃあ、誰のペンですか?」とか聞いて、会話が続くようにします。

ロン先生：それも応答ドリルですね。ウン、素晴らしいです。単に先生が学習者に聞く「これはペンですか?」よりもずっと本物だし、封筒の上から当てるっていうゲーム性もいいですね。あと「自分」っていうキーワードを「自分の持ち物」に広げたところもいいです。そしていちばんよかったのは、ちゃんとドリルの枠を守って、答えが決まっていることですね。ペンなのか鉛筆なのか、誰のペンなのかはわかっていますから、先生も学習者が正しい答え・正しい文を言っているかどうか、チェックできます。今の皆さんの答えは、大学院で「教材開発」という勉強をするときの見本になるような、すばらしいアイディアでした。こういう感じで、入門レベルのドリルでも「本物・自分・面白い」をキーワードに、いろいろ考えて工夫してください。

＼ サマリー ❸ ／

ドリルには本物の話ではないから意味がないという批判があるが、逆に本当のことを題材に、自分のことを表現できる面白いドリルを工夫することで、学習者に受け入れられるものとなる。

質問4 まず、演習2と同じように、このドリルをペアになってやってください。
やり方がわかったら、「本物・自分・面白い」をキーワードに、このドリルを変えてく
ださい。

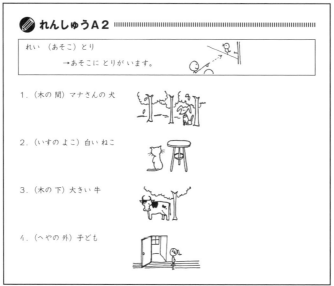

東京外国語大学留学生日本語教育センター (2010).『初級日本語　上』凡人社

アクティブラーニング　Active Learning

初級の教科書から好きな1つの課を選び、ペアになってその課のドリルをすべて録音しながら

やりなさい。録音が終わったら他のペアと音声ファイルを交換して、

・声の大きさは適切か

・その課を習う学習者にとって、話すスピードは速すぎたり、遅すぎたりしていないか

・テンポよく進めているか

・ちゃんと学習者をほめているか

の4点から、もっと上手になるにはどうしたらいいか、互いにアドバイスをしなさい。

（所要時間90分）

● 浅倉美波 (2000).『日本語教師必携　ハート＆テクニック』の「第2章 行動編　第2節 授業をする－教室の技術」アルク
　　この本は日本語教師デビューを控えた人（この本のことばを借りれば「タマゴ」の人）や、まだ日本語教育経験の浅い人（同「ヒヨコ」の人）を対象に、この仕事に求められる技術や心構えを具体的に書いた入門書です。上に挙げた部分にドリルのやり方がわかりやすく書かれています。「ドリルは手際よく」「スピードと展開が勝負」といった項目では、現場の名人教師の技術や気配りが数多く示されています。

―質問のこたえ―
質問1
これは、人によって答えがさまざまですが、たとえば教科書に書いてある会話などを口にしたことがある人は多いと思います。それを行うために、先生はじゃあ練習しましょう、など「英語を口にする時間」を作り、Repeat after me. などの指示をしたと思います。本文の用語を使うと、これは反復ドリルの練習をしたことになります。

質問2
①
(1) 教師　：この人はだれですか。
　　学習者：フィリピンのサムエルさんです。国際ホームの介護士です。
(2) 教師　：この人はだれですか。
　　学習者：韓国のパクさんです。Kookle のエンジニアです。
(3) 教師　：この人はだれですか。
　　学習者：アメリカのティムさんです。東都大学の留学生です。

② （解答例）
　　教師　：サムエルさんは何人ですか。
　　学習者：フィリピン人です。
　　教師　：パクさんはどこのエンジニアですか。
　　学習者：Kookle のエンジニアです。
　　　　　　※「何人（なにじん）」という言い方に抵抗がある人もいるので気をつけてください。

質問3
・はじめは述語の「送りました」だけを繰り返す反復ドリルを行います。
・次に「バースデーカードを送りました」→「お母さんにバースデーカードを送りました」→「山田さんはお母さんにバースデーカードを送りました」の順に拡張ドリルを行い、学習者がスムーズに言えるようになるまで繰り返します。
・最後に「山田さん」「お母さん」「バースデーカード」のそれぞれを、別の単語に代えて「代入ドリル」を行います。別の語に変える場合は、学習者がすでに習った単語（たとえば第8課をやっている場合は第7課までに学習したことば）や、学習者が興味を持てる単語にすることが大切です。
例：カナさんはハルカさんに LINE のメッセージを送りました。

質問4
このドリルは、学習者が絵（例：とり）を見ながら、先生のキュー（例：あそこ）に応じて正しい文（例：あそこにとりがいます）を作るものです。このドリルを本物にするためには、教室内の教室にあるものを使ってドリルをするといいでしょう。たとえば教室のうしろの壁に時計があるとしたら、先生は「あそこ」というキューを出して時計を指さします。そうすると学習者は「あそこに時計があります。」という本当の状況にあった文を作ることができます。またこのドリルの1や2を応用したものとしては、学習者が座っている席を使うといいでしょう。もしリンさんの横にジョージさんが座っていたら「リンさんの横」というキューを出せば「リンさんの横にジョージさんがいます。」という文が作れます。席を少し替えたりすることで、いっそう楽しいドリルになります。

第**11**章　日本語の練習方法 ー会話ー

▼ この課の目標

"Can-do" Descriptor

自由な会話の種類と方法がわかり、授業で実践できる。

質問1 中学や高校の英語の授業で、ドリルのとき以外に英語を口にしたことがありますか。それは、どのような場合でしたか。

11-1　会話練習の位置づけ

ロン先生：では、授業を始めましょう。突然ですが、皆さん、自動車の運転免許を持っていますか？

ハルカ：はい。

ユウキ：はい。

カナ：いいえ。

ロン先生：じゃあハルカさんに聞きましょう。自動車教習所で免許を取るまでには、どんなことをしましたか。

ハルカ：最初は学科です。交通標識とか、安全点検とかについて、教室での授業のような感じで習います。

ロン先生：なるほど。じゃあその次は何をしますか？　ユウキくん。

ユウキ：その自動車学校の中のコースを、先生が隣に乗って、教習所の車で回ります。

ロン先生：じゃあ、それが終われば免許が取れますか？

ユウキ：いえ、今度は、実際の道を先生といっしょに走って、毎回どこができたか、できなかったかとかの指導を受けて、最後に卒業検定を受けます。

ロン先生：あぁ、わかりました。では外国語の授業を自動車教習所にたとえてみましょう。教習所では、まず学科があります。これは新しい知識や情報を得る活動で、授業で言えば新しい文型や単語の導入ですね。次に教習所では、その学校内のコースを運転する活動がありますが、これはドリル、つまり先生のキューに対して学習者が

正しい文を言う練習にあたります。そして最後に町中で運転する路上教習があります。外国語教育では、これは自由な会話に相当します。運転手にあたる話し手が、相手の会話を理解して、その上で自分の意思で自分が言いたいことを言うわけです。そして教習所を卒業したら、自分でなんとか町中を運転しなければなりません。これは日本語のコースが終わって、教室の外で学習者が日本語でコミュニケーションを取ることに見立てられます。ですから自由な会話というのは、学習者にとっては授業のまとめ、仕上げにあたる部分です。まずドリルと会話の違いは何か、もう少し考えましょう。ハルカさん、どうでしょうか。

ハルカ：ドリルだと相手が先生だけですが、普通の会話では家の隣の人とかクラスメートとか、いろいろな人と話します。

ロン先生：そうですね。教師がトピックや条件を与えて、学習者同士がペアになって話す「ペアワーク」という活動がその代表なんです。他にドリルと会話の違いについて、ユウキ君はどうですか？

ユウキ：会話だと、普通はもっと好き勝手にしゃべってますけど、ドリルの場合は決まった文しか言えないんで、そこが違うと思います。

ロン先生：たしかにそうですね。カナさん、どうですか？

カナ：ドリルは、文を1つしか言わないじゃないですか？　でも会話の場合は、もっと長くいっぱいしゃべっていると思います。

ロン先生：3人ともいいですね。たしかにドリルというのは耳や口を慣らすにはいい方法だし、前回の授業で考えたように、本物らしさを加えて面白くすることもできるんですが、やっぱり「教習所の中の走行」なんですよ。今皆さんが答えてくれたことをまとめると、ざっとこんな感じでしょうか（板書1）。

	相手	内容	文の数
ドリル	教師だけ	決まったこたえ	1つ
会話	さまざまな人	自由	いくらでも

板書1

授業の最後には、路上教習にあたる会話の練習、つまり板書1で言えば「①さまざまな相手とのやり取りの中で、②自由な文を③たくさん組み合わせて、意味のある話を作る」という活動が必要になります。こういう授業の流れを、英語教育などでは「3つのP」にまとめています。教え手が文型を示すPは presentation（提示）、ドリルは practice（練習）、そして路上教習にあたる会話は production（産出）です。産出っていうのは「自分で自由に文を産み出す」という意味です。これも表にまとめてみましょう（板書2）。それから動画を見て、そういう会話のやりとりがあったかどうかを、確認してみましょう。

教習所のたとえ	学科	教習所内の走行	路上の教習
授業の内容	文型の導入	ドリル	会話
専門用語	提示 presentation	練習 practice	産出 production

板書2

（動画視聴）

ロン先生：では動画の中でドリル以外の活動、つまり上の表で言う3番目のPはありましたか？　ユウキくん。

ユウキ：はい、最初の「学生先生」っていう部分は、ちょっとドリルっぽい気もするんですが…、いちおう、普通の会話っぽく進んでいました。

ロン先生：いいですね。カナさん、他には？

カナ：ドリルのあとで学生たちが立って、お互いに週末の予定を聞き合うところも、自由な会話みたいな感じでした。

ロン先生：そうですね。「学生先生」と「週末の予定」、この2つがドリルを超えた「路上教習」に近いものです。動画の中の学習者は、日本語を使う力、つまり日本語の<u>運用力</u>はまだまだですが、その限られた力を十分に使って、皆さんがんばっていたと思います。でははじめに「学生先生」なんですが、ハルカさん、大まかに言ってこれはどういう活動ですか？

ハルカ：ガウンさんという学生が短い間、先生になって出席を取ったり、あと簡単な会話をしたりしていました。

ロン先生：そうですね。このように学習者に一定の役割とか状況を与えて、その役割を演じてもらう活動を、一般に「<u>ロールプレイ</u>」と言います。じゃあこの「学生先生」の中で、ガウンさんの役割と置かれた状況は、それぞれ何でしょうか、ユウキくん。

ユウキ：役割は先生をすることで、状況っていうのは、授業の最初のほうを担当するってことですか？

ロン先生：そうです。ではこの「学生先生」というロールプレイは、どんなところが優

れているのか考えてみましょう。ロールプレイであってもドリルであっても「学習者が日本語を使う練習」という点は同じです。つまり、ドリルをする場合の大事な原則は、ロールプレイにも当てはまるわけです。ではカナさん、前回の授業（第10章）を思い出して、ドリルをするときのキーワードは何でしたっけ？

カナ：（ノートをめくる）ええと、「本物・自分・面白い」です。

ロン先生：そうですね。「学生先生」のロールプレイがこれに当てはまるかどうか、見てみましょう。まず「本物」かどうかですが、ロールプレイっていうのは、結局「ナニナニごっこ」なので、完全な本物とは言えません。ここで大切なのは、ガウンさんが先生役で使ったことばや学習者が使ったことばが、教室の外で本当に使う可能性があるかどうかです。たとえばユウキ君、友だちとキャンパスで話すときは、どんな口調になりますか？

ユウキ：やっぱタメ口っていうか、普通に友だちことばで…。

ロン先生：そうですよね。じゃあその友だちとゼミに出て、自分が司会をする場合はどうですか？

ユウキ：え？　あぁ、そういうときは先生もいるし、「です」とか「ます」とか、少し丁寧になると思います。

ロン先生：そうですよね？　つまり現実の大学生というのは、ゼミで司会をしたり、なにかイベントでちょっと話したりする可能性があるわけですが、そういうときは「本当に」、丁寧なことばを使うわけです。

「学生先生」というロールプレイは、こういう場合に備えた会話の練習になっているので、それを考えると「本物度」が高いと言えるでしょう。では次のキーワードは「自分」ですが、ハルカさん、先生役のガウンさんは、どんな質問をしていましたか？

ハルカ：出席を取ったり、地図を指してそこが誰の国かを聞いたりしていました。

ロン先生：そうですね。出席というのは自分の名前が呼ばれるから「自分性」はすごく高いです。人はうるさい雑踏の中でも、自分の名前だけは聞き逃さないと言いますから。あと自分の国について話すことも、自分に関係することですから、簡単な日本語であっても「自己表現」はきちんとされていますね。じゃあカナさん、最後は「面白さ」ですが、これはどうでしょうか。

カナ：あ、やっぱりクラスメートが急に先生をするので、それ自体がけっこう面白いと思います。

ロン先生：ですよね？　さっきも言いましたが、ロールプレイは「ごっこ」なので、その行為自体はたしかに面白いわけです。ただこの場合、大学生がこういう場ではこういう話し方をするという現実の生活に裏打ちされた「ごっこ」だから、真剣に取り組む面白さが出てくるわけです。

授業の仕上げでは会話の指導を行い、そこではさまざまな相手と自由な文をたくさん組み合わせて意味のある話をする練習がある。ドリルを指導するときの「本物・自分・面白い」というキーワードは、会話でも同様に重要である。

質問2 大学生が「丁寧なことば」を使う状況は、上で挙げたゼミの司会やイベントでの話の他にどんなものがあるでしょうか。それを練習するためには、どのようなロールプレイをすればよいでしょうか。

11-2 インフォメーション・ギャップとタスクの意義

ロン先生：では動画の中のもう1つの活動「週末の予定を聞く」について考えてみましょう。まず先生が準備したものがありましたが、ハルカさん、何でしたか？

ハルカ：それぞれの予定を書くための紙がありました。横には学習者の名前があって、縦には土日に行くところと、あとどうやって行くかっていう交通手段を書くようになっていました。

ロン先生：そうですね。学習者はまず自分の欄に、自分が行くところと、そのときに使う交通手段を書きます。書いたあとは学習者が互いにどこへ行くか、何で行くかインタビューをしあって、空欄を埋めることになります。じゃあカナさん、ベタな質問で申し訳ないんですが（笑）、学習者はどうして互いにインタビューしたんですか？

カナ：自分以外の人がどこに行くか知らないからです。

ロン先生：そうですね。学習者が互いにインタビューしあったのは「自分が持っている情報を相手は知らない」という状態にあったからです。実際、人がことばを使う理由のほとんどは、たとえば友だちに「それどこで買ったの？」と聞いて自分が知らない情報を教えてもらったり、あるいは教師が学生に授業をして新しい情報を与えたりなど、互いの持っている情報のギャップを埋めることにあります。そのための会話の活動を一般に「インフォメーション・ギャップ」と呼びます。つまりインフォメーション・ギャップという活動は、「どうしてことばを使うか」というところから考えると、意味があるわけです。では先ほどと同じように「本物・自分・面白い」と

いう3つのキーワードから、この「週末の予定」という活動を考えるとどうでしょうか、ハルカさん。

ハルカ：いちおう、自分の予定を言うわけだから、「本物」と「自分」は満たしていると思います。

ロン先生：そうですよね。面白さについてはどうでしょうか、カナさん。

カナ：動画で見ると、学習者は楽しそうにやっていたと思います。

ロン先生：わたしも同じように感じました。ではユウキくん、この面白さはどこから来るんでしょうか？

ユウキ：うまく言えないんですけど、先生はよく、「このことを3人で考えなさい」みたいに投げかけるじゃないですか？　そういうときにみんなで考えると、1人で考えるよりも「やった感」があるっていうか、そういう「みんなでやってる感」が面白いんじゃないかと思います。

ロン先生：その通りです。ドリルは教師のキューと答えで成り立っている活動ですが、こういう活動は学習者みんなが参加して、協力して週末の予定表を作るというタスク、つまり課題に取り組んでいることが、サークル活動のような面白さにつながります。このことをもう少し考えてみましょう。たとえばカナさん、みんなで取り組むタスクっていえば、どんなことが頭に浮かびますか？

カナ：学園祭でイベントをするとか、友だちと旅行の計画を立てるとか…。

ロン先生：なるほど。じゃあカナさん、そういうことをするときに、何語を使いますか？

カナ：え…？　日本語ですけど…。

ロン先生：普通、そうですよね？　どうしてこんなベタな質問パート2（笑）をしたかというと、カナさんの学園祭のイベントと同じです。タスクの目的っていうのはそれを達成することなんです。「ことばを使うこと」はそれ自体が目的じゃなくて、タスクを達成するための、ただの手段です。これはわたしたちが生活でことばを使う理由と一緒ですよね？　ことばを使うためにことばを使うんじゃなくて、目的を達成するためにことばを使うわけですから。ドリルの場合は「ことばを使うのに慣れること」が目的だったから、それと比べてタスクはドリルよりも本物の言語使用に近いわけです。難しく言うと、タスクでは目的の達成が「前景」でことばの使用が「背景」になるわけです。　今のところはこの違いがわかれば十分ですので、また動画に戻りましょう。実は、このタスクをやっているときにちょっと想定外のことが起きているんです。日本語で言うと、「脱線」ですね。その「脱線」がどこで起きたかについて、ユウキくんが言ったように、「みんなでやってる感」を持って（笑）、3人で考えてください。

カナ：始まってすぐに、先生が学生の話をやめさせて「歩いて」を教えてなかった？

ハルカ：たしかに。アレってたぶん、脱線だよね。あとのほうでも何かなかったっけ？

> **カナ**：トゥゲザーとか、英語を使っちゃったところ？
>
> **ハルカ**：そう。あと「ましょう」っていうのも、先生が追加で教えてなかった？
>
> **ユウキ**：おぉー、この課題、「みんなでやってる感」、出てるねー！
>
> **ハルカ・カナ**：そう？（笑）

ロン先生：脱線、たしかに３つありましたね？皆さんも教壇に立てばこういう想定外のことはいくらでも経験すると思います。人の授業を見るときは、失敗から学ぶことのほうが多いものです。たしかに動画の中では、学習者が「歩いて」とか「ましょう」とか、まだ習っていないことを聞きたがったために、先生が授業を中断して教えていました。こういう場合、考え方は２つありますね。つまり「まだやっていないから教えない」か、あるいは「聞かれたから教える」か、ハルカさんだったら、どうしますか？

ハルカ：動画がそうだったからってわけじゃないんですけど、せっかく学習者が知りたがっているんだから、時間を取りすぎない程度には、教えてもいいと思います。

ロン先生：そうですね。新しいことを教える ときに、今こそベストっていう瞬間があるんですが、その代表が、こういうふうに学習者が知りたがっているときです。この瞬間を教育学のことばで<u>ティーチャブル・モメント</u>（teachable moment）と呼びます。アメリカの小学校などでは先生はティーチャブル・モメントをどんどん利用するのが普通で、科目が変わってしまうようなこともあります。わたしの経験では、理科の時間なのに誰かの質問をきっかけに社会科のディスカッションになっていたり、あるいはいつのまにか体育になって外で走っていたりとか…（笑）、もうしょっちゅうでした。たしかにハルカさんが言った通り、脱線をどうするかは、時間管理とのバランスで考えるのがいいですね。時間管理でついでに言うと、こういうタスクは、どうやって進めるか、ルールは何かなど、学習者にやり方を説明するのがけっこう大変なんです。学習者によっては授業っていうのは静かに座って話を聞くだけと思っている人もいるので、そういった進め方や手順、場合によってはその活動をなぜするのかという理由なども、場合によっては媒介語も使って、ちゃんと指示したほうがいいですね。

サマリー ❷

会話の練習にはインフォメーション・ギャップを利用する場合が多い。また学習している外国語を用いて、ある課題を達成するタスクは、その達成こそが目的であり、ことばの使用が背景化するので、本物の言語使用の状況に近くなる。

質問3 これはスーパーのチラシです。10人の学習者がいるクラスで、このチラシを使ったタスクを何か考えてください。

11-3　スキットやディクテーションの工夫

ロン先生：ここまでで、会話の指導がドリルとは違うことや、会話を指導する上でのポイントがわかったと思います。これから日本語教育をやっていく皆さんには、今までに教育の現場で行われてきた指導方法も「本物・自分・面白い」そして学習者が協力し合って取り組む「<u>協働</u>」というキーワードから、それらをよりよく変えていくことが必要かもしれません。たとえば初級の後半からは、一定の脚本を作って学生がそれを演じる「<u>スキット</u>」と呼ばれる活動があるんですが、これを改善する方法を、ユウキくん、何か考えてみませんか？

ユウキ：えーと…。たぶん、そういう劇みたいなものはみんなですることだから、いちおう面白いと思います。だけど、あんまり昔の脚本だと、普通に会話で使う日本語とは違うんで、少し変えたりするのも必要だと思います。

ロン先生：いい意見ですね。たとえば、教科書の日本語で考えると「ありがとう」は「どうも」をつけると「どうもありがとう」で、もっと丁寧になりますよね？　でもわたしは来日してから今まで、この「どうもありがとう」をほとんど聞いたことがありません。たとえば、カナさんとハルカさん、これからちょっと小芝居を（笑）やってもらえますか？　カナさんには行きたいアイドルのコンサートがあって、ハルカさんがチケットを取ってくれたってことにしましょう。この状態を友だち同士の会話でちょっとやってみてください。（小さい紙を渡す）これがチケットってことで。じゃあユウキくんは、監督お願いします。

ユウキ：じゃ、お2人、お願いします（笑）。ハイ、アクション！
ハルカ：…取れたよ、チケット。ハイ、これ。
カナ：ありがと！　ホント悪いね！
ハルカ：ううん、ぜんぜん大丈夫！

ロン先生：ご協力、感謝します。録画しておけばよかったと思うくらいの出来です。す

ごく自然な感じでした。お礼に「悪いね」とか「ごめんね」を使ったり、言われたほうは文法的にはおかしいと言われる「ぜんぜん＋大丈夫」で答えたり、これが自然な日本語なんです。こういうとき友だち同士なら、「どうもありがとう」って実際は言わないでしょう？　もし皆さんが教える学習者がこんなふうに言えたら、「外国人っぽい日本語」にはならないですよね？

　実際、日本人の普通の会話を聞いていると、延々としゃべって、しかも「ナニナニかも」とか「ナニナニなんですけど」とか、ぜんぜん文を言い切らないんです。源氏物語とかの古文もそうなんですが、これは<u>節連鎖</u>っていう、日本人の伝統的な言い方なんです。スキットを使って会話を練習する場合には一定の背景、つまり<u>文脈</u>を設定して、そこでは先ほどの2人の会話のように、「日本人なら間違いなくこう言う」というのを考えて、それを文型から落とし込んで自分個人につなげるっていう準備が必要になります。じゃあもう1つ、古くから英語教育で行われている活動で、<u>ディクテーション</u>っていうのがありますが、カナさん、聞いたことがありますか？

カナ：はい。録音した英語を聞かせて、それをそのまま書き取る練習だと思います。

ロン先生：そうですね。これもやっている間は教室がシーンとしていて、「書くドリル」みたいで、実際、あんまり面白くないんですよ。これをさっきのキーワード、つまり「本物・自分・面白い・協働」を使って、会話の指導に持っていけないかどうか、3人で話し合ってください。

ハルカ：とりあえず、グループですると「協働」になるよね？

カナ：そうだよね？　あと英語のクラスでやっているディクテーションはけっこう普通の文なんで、さっきやった普通の会話とか、学生の興味に合った内容にしたら本物感が出るし、面白いんじゃない？

ユウキ：じゃあ「自分」っていうのはどうする？

ハルカ：たとえば2人の会話を聞いて書かせて、最後まで聞いたあとで、自分だったらどう答えるかを考えて言ってもらうとか…？

カナ：そのあとで、また別の誰かが続けて会話をうまく終わらせるとか？

ユウキ：2人ともすごいな。俺やっぱり、監督にまわるよ（笑）。

ロン先生：いい工夫ですね。わたしも今度、そのやり方でやってみます。皆さんが1対1で日本語を教える場合であれば、適当にテーマを決めてしゃべっても大きな問題はないと思います。でも集団のクラスで文型を積み上げて教える場合は、全員が楽しく参加できる「本物の活動」を考えるといいですね。あと1つ付け加えると、会話の指導の場合は、ドリルみたいな<u>正確さ</u>よりも、なめらかにしゃべること、つまり<u>流暢さ</u>とか、あと文をいくつも言う場合があるので、そういう<u>複雑さ</u>も考えなくちゃいけないんですが、この3つを全部やるっていうのは、かなり大変なんです。どれか1つうまくやろうとすると、あとの2つがう

まくできなくなるんですよ。つまり、流暢にしゃべろうとすると正確にならないし、あと単純な言い方になってしまうんです。じゃあ複雑にしゃべろうとすると、どう

やって文を組み合わせるか考えて、正確さも流暢さもどこかに行っちゃう、みたいな感じです。そこは無理をさせず、バランスを考えて気長に指導してください。

\ サマリー ❸ /

1対1の個人指導でなく、クラスで指導する場合には「本物・自分・面白い」に加え「協働」もキーワードにして、スキットやディクテーションなどを工夫しながら、正確さ・流暢さ・複雑さという要求を満たすことが必要。

質問4 動詞のタ形（例：読んだ、行った、食べたなど）＋「ことがある」の文型を使って、「本物・自分・面白い・協働」をキーワードに、会話練習の指導方法を考えてください。

「質問2」を本格的に実行するために、コンビニエンスストアの店の人が使う日本語を実際に観察して、リストを作りなさい（そのために長くとどまってメモを取ったりするのは店にとって迷惑なので、必ず客として行き、聴いたことばは店外で書きとめるようにすること）。以下の例のような分類から行い、リストができたら、ペアになってそれを使うようなロールプレイを考えなさい。

【例】

①あいさつ・・・いらっしゃいませ

②質問をする・・・あたためますか？

③質問に答える・・・すみません、〜は売り切れです。

④働きかける・・・少々お待ちください。

（所要時間120分）

次はこれを読もう

●中村律子 (2005). 『人と人とをつなぐ日本語クラスアクティビティ50』の「多様性を感じる（アクティビティ36-48）」アスク出版

会話指導のためのアクティビティ集はいくつか出ていますが、「本物・自分・面白い・協働」というキーワードに沿ったものはあまり見当たりません。「ごっこ」としての活動や、習っている言語そのものを使うことはそれ自体が楽しい活動ですが、やはり学習を持続させるためには、内容や使い方が本物であることが大切です。この本にはそのような活動が多く見受けられます。挙げた中では「36　常識?!　非常識?!」「40　私のネットワーク」などが特に優れていますし、他のセクションにも応用可能な活動が数多くあります。また13-20ページ「アクティビティを行うにあたって」もあわせて読んでおきましょう。

―質問のこたえ―
質問 1
・先生が何かテーマを与えて隣同士で自由に話すペアワーク
・簡単なゲーム　など。

質問 2
大学生が丁寧なことばを使う状況は、学内で先生や事務の人と話す場合、アルバイト先で接客をしたり、上司に当たる人と話したりする場合、就職活動で企業などに行ってそこの人と話したりする場合などがあります。これらの状況に近いロールプレイをする場合、参加者それぞれが「現実にありえる、意味のある役割」を持つことが大事です。たとえば、「アルバイトの外国人と日本人の上司」というロールプレイでは、日本語を学ぶ学習者が現実の世界ですぐ「上司」になることは考えにくいので、本物さは薄れてしまいます。ですから「コンビニの店員と客」のように、外国人学習者がどちらもなる可能性があるものを使ってロールプレイを考えることが必要です。

質問 3
このチラシは 5 日間の安売りですから、たとえば毎日 2 人ずつこのスーパーへ出かけて、ペアごとに 1,000 円の予算で何か買ってきて料理を作る、という設定にすると、
①ペアで何を買うか、予算を考えながら計画をする。
②それぞれ発表する。
③それぞれを褒めたり、他に何ができるか考えたりする。
④同じ料理だった場合、話し合って調節する。
などのタスクができます。

質問 4
ナニナニしたことがある、というのは個人の経験の有無について述べる言い方ですから、自分のことを述べるのは簡単です。ビデオの中のやり方に近いものとしては、東京ディズニーランドなど有名な観光地に言ったことがあるかないか、牛丼のような日本のポピュラーな食べ物を食べたことがあるかどうか、それらの写真を入れたプリントを作って、グループで聞き合うような活動が考えられます。また、この「～たことがある」の文は「ダレダレと」「いつ」「何回」などの情報をつけて長くすることもできます。聞き合ってお互いの情報を得たあとは、自分の経験ではなく、グループ内の友だちの経験を発表したり、また他のグループの人がそれをメモにとったりすると「話す」「聞く」「書く」などが複雑に入った総合的な活動ができます。

第12章　日本語教育の教材

▼ この課の目標

"Can-do" Descriptor

日本語教育の教材に関する知識とその使い方を知る。

質問1　中学や高校で英語を習ったとき、授業では教科書の他にどんな教材が使われていましたか。自分の経験から3点挙げなさい。

12-1　日本語教育教材の分類

ロン先生：今回の授業は、日本語教育の教材、つまり教科書や動画などに関することがテーマです。まず、この本を見てください（写真1）。ハルカさん、題名は何ですか？

写真1
©from zero

ハルカ：ジャパニーズ・フロム・ゼロの1、ですか？

ロン先生：そうですね。ハルカさん、これはどんな教科書だと思いますか？

ハルカ：フロム・ゼロは「ゼロから」という意味なので、たぶんぜんぜん日本語を知らない人がはじめて習うときに使う教科書だと思います。

ロン先生：その通りですね。じゃあユウキ君、これは世界のどこの国の人が使う教科書だと思いますか？

ユウキ：やっぱりアメリカ人とか、イギリス人だと思います。英語ができる人のための教科書っていうか…。

ロン先生：そうですね。もし英語が読めない人がこの教科書で日本語を学ぶ場合は、先に from などの英語を勉強しなくちゃいけないんで（笑）、あんまり向いていないですね。じゃあカナさん、この教科書は、何歳くらいの学習者を想定して作られているでしょうか？

カナ：表紙に制服を着た女子がいるので、中学生とか高校生向けでしょうか？

ロン先生：その通りです。まとめるとこの本は、①英語圏の ②中高生で ③日本語をはじめて習う学習者 のための教科書でしょう。仮に皆さんがそういう学習者に教えることになった場合、この教材は選択肢の1つになりますね。たいていの場合、教科書に出てくる順番に単語・本文・会話などを教えることになるから、授業内容の大半は教科書が決めると言っていいくらい大事なものだし、また後々まで学習者の記憶に残るものです。たとえばユウキくん、小学校の国語で読んだ、思い出の物語は何かありますか。

ユウキ：ええと「ごんぎつね」とか…。（ハルカとカナ：「あるある」とうなずく）

ロン先生：ハイ、わたしも英訳で読みましたが、ゴンフォックスっていう題名で（笑）。まあとにかく、教科書というのは授業を決める大きな要素で、教科書を含む「教材」は学習者・教師と並んで、授業の3要素と言われています。その教材と似たことばで「教具」があるんですが、この違いって、何だと思いますか。3人で話してください。

カナ：ホワイトボードとかって、教具じゃない？

ハルカ：あとマーカーとかも。

ユウキ：教科書は教具じゃなくて、やっぱ教材でしょ？ 違いって何？

ハルカ：スマホで調べてみる？

ユウキ：あ…。わかったかも！

カナ、ハルカ：え、何？

ユウキ：なんていうか、スマホは教具で、アプリは教材じゃない？

カナ：つまり、ハードかソフトかってこと？

ロン先生：スマホとアプリのたとえはいいですね。わたしは「料理が教材」「皿やフォークが教具」というたとえを考えていたんですけど、そっちのほうがいいですね。日本語教育に「役立つ情報が入っているもの」が教材で、それを授業で使うための道具が教具ということです。たとえば音声 CD とそれを再生する機械であれば、CD が教材で、後者が教具です。そして教材の基本的な分類としては学習者の母語別（例：英語圏）、年代別（例：中高生向け）、あとレベル別（例：初心者向け）があります。 他には、どんな分類方法があるでしょうか、カナさん。

カナ：あんまり考えたことがないんですけど、教材だけで考えると、英語の授業だと1冊厚い本と、あとリスニングとか専門の教材があったと思います。

ロン先生：その通りですね。授業でメインで使うものは主教材、問題集のように主

教材を補うための教材を副教材といったりします。あとカナさんが言ったように、語学の場合は聴解、会話などの技能別教材がありますね。特に日本語の場合、漢字の教材が目立ちます。また、今は多くをコンピューターで扱っていますが、音声やビデオのようなものを視聴覚教材と呼びます。逆に教科書などは紙教材ということになりますね。視聴覚教材については、次のセクションで詳しくやりましょう。あとはハルカさん、ありますか？

ハルカ：あたしの友だちが英会話学校に行っているんですけど、そこで使っているのがビジネスイングリッシュみたいな本なので、もしかしたら職業別っていう教科書もあるんでしょうか？

ロン先生：もちろん、あります。英語の場合、仕事で必要っていうニーズが世界中にあるので、教材の数がとても多いんです。日本語でもビジネス日本語とか介護の日本語など「専門日本語」の教材は増えていて、こういう特別な目的の日本語を、目的別日本語教育あるいは JSP と呼んでいます。Japanese for Specific Purposes の頭文字を取ったものです。この本の発行元の凡人社が毎年、詳しい日本語教育のリストを作っているので、これを手に入れるといいですね。ウェブサイトからダウンロードできます。では次は視聴覚教材について考えるので、3階の AVC 教室に行きましょう。

＼ サマリー ❶ ／

教材は学習に役立つ情報が入っている書籍やソフトウェアであり、教具はそれを授業で示すための機械やハードウェア。教材はレベル別・母語別・年齢や年代別、主教材と副教材（技能別教材）、専門日本語の教材などに分かれる。

質問2 以下は凡人社が出している「日本語教材リスト」の目次です。これをよく見て、12-1 で分類された以外の教材にはどのようなものがあるか、探しなさい。

12-2　視聴覚教材の意義と進展

（視聴覚教室で）

ロン先生：では場合によっては実際に機材を操作しながら、視聴覚教材について考えてみましょう。まずユウキくん、「視聴覚」っていうことばを易しく言い換えると、どうなりますか？

ユウキ：「見ること・聞くこと」ですか？

ロン先生：そうですね。あと「見て聞くこと」もあります。視覚は目で見る感覚、聴覚は耳で聞く感覚で、どちらも人間が外の世界から情報を受けとるときの方法です。残りあと3つあるんですが、ハルカさん、「ナニ覚」でしょうか？

ハルカ：触る感覚が「触覚」で、舌で感じるのが「味覚」で、鼻でかぐのは…。

ロン先生：アレは思い出しにくいですね。じゃあ、カナさん。

カナ：確か…、「嗅覚」？

ロン先生：そうです。これで出そろいました。つまり視聴覚教材というのは、学習者の見ることや聞くこと、あるいはその両方に訴えかけて、教育効果を上げるような教材です。理屈の上では「味覚教材」とかもありえますが、おそらく1回食べたら消えちゃうんで（笑）、作りにくいです。では視聴覚教材と聞いて、パッと思い浮かぶのは、ハルカさん、どんな教材ですか？

ハルカ：英語の時間にCNNのニュースを聞いているんですけど、それとかですか？

ロン先生：そうですね。それは厳密に言えば音声だけの「聴覚教材」でしょうか？　ドラマなどを見る場合は、見るほう・聞くほうの両方だと言えます。じゃあユウキくん、見るほう「だけ」の教材って、何か浮かびますか？

ユウキ：授業の動画で使われていた新幹線の写真なんかだと、音がないんで…。

ロン先生：はい、正解です。そもそもなぜ視聴覚教材があるのかというと、科目を問わず、普通の授業っていうのは先生の講義が中心だし、普通は黒板には文やキーワードなどの字だけを書くので、どうしても授業が単調になっちゃうんです。そこで視覚や聴覚のさまざまな刺激で授業を彩り豊かに、言い換えれば、授業をより「立体的に」するのが視聴覚教育であり、そこで使う教材が視聴覚教材だと言えます。この部屋は正式な名前はAVCルームとなっていますが、エーとブイとシーはそれぞれ何の頭文字か、ハルカさん、わかりますか？

ハルカ：シーはあそこにパソコンがあるんで（笑）、たぶんコンピューター（Ċomputer）かな、と思うんですが。

ユウキ：あ、すいません、横から。エーはオーディオ（Ȧudio）で、ブイはビジュアル（V̇isual）だと思います。

ロン先生：お、ユウキくん、詳しいですね。

ユウキ：あの、高校のときAV委員会っていうのに入っていて、機材の点検とかしてました。

ロン先生：あぁ、そうなんですか。さて、先ほどは視覚とか聴覚の話をしましたが、日本語教育の視聴覚教材を考える場合、もう1つの分類法は「電力を使う・使わな

い」の区別です。ここは AVC ルームなので、どの教具も電力なしでは動きません。でも電力を使わなくても、視聴覚教育が成立した時代はあったんです。たとえばカナさん、映画のような形で、しかも電力を使わないエンターテイメントって、何か浮かびますか？

カナ：電力なしだと…。たとえば江戸時代の歌舞伎とかですか？

ロン先生：和物が好きなカナさんらしい答えですね。そうです。きっと昔の歌舞伎の照明は、自然の光とロウソクを使っていたんだと思いますが、もっとシンプルなのは、紙芝居です。（3人：「なるほど」という顔）。ユウキくんは紙芝居を見たことがありますか？

ユウキ：あ、幼稚園で「大きなかぶ」を見ました。（ハルカ、カナ：「わたしも」とうなづく）

ロン先生：今日は「子どものときあるある」ですね。紙芝居というのは電力なしで、絵も動かないし、声も1人で演じますが、子どもたちは映画を見るように、ドラマを楽しめます。視聴覚教材で大事なことは「授業を立体化させるという本質は変わらないが、テクノロジーの発展で教具はどんどん変わる」ということです。皆さんは、これがなんだかわかりますか（写真2）？

写真2

カナ・ユウキ：（首をひねる）

ハルカ：あの、カセットテープだと思います。

ロン先生：そうです。使ったことがありますか？

ハルカ：いえ、ないんですけど、おじいちゃんの家にあったのを見ただけです。なかに音楽が入っていて…。

ロン先生：そうです。皆さん、VHSのビデオテープは知っていると思うんですが（3人ともうなずく）、これは音だけ録音できます。いちおう情報を記録するメディアなので、SDカードやUSBメモリーの先祖だと思ってください。実際、わたしがはじめて買ったパソコンでは、ソフトウェア、つまりアプリはプログラムを音声化して、これに入っていたんです（3人びっくりする）。結局、音声を利用するとか楽しむといった目的は昔も今も変わらなくて、ただ入れ物のほうが、このテープからSDカードまで、変わり続けているわけです。この流れを書くとこうなります（板書1）。「ひも」っていうのは、カセットテープやビデオテープの頃の情報の入れ物です。このカセットテープも、中身はセロテープと同じような、平たいひもなんです。で、時代が今に近づくと、情報の入れ物は「まる」、つまり丸いものになります。ハルカさん、わかりますか？

 ひも→まる→あみ

板書1

ハルカ：CD とか DVD のことですか？

ロン先生：そうです。「まる」というのは円盤ですね。今の日本語教育の視聴覚教材は、このあたりがボリュームゾーンになっています。つまり、総合教科書を買うと、音声メディアとしてもうテープのような「ひも」じゃなくて、CD のような「まる」がついてくるわけです。でもこの入れ物も、いずれ「あみ」になります。これはユウキくん、もうわかりますね。

写真３

ユウキ：インターネットのことだと思います。

ロン先生：そうです。情報の網、インターネットですね。最近は CD を付けないで、ネットから音声をダウンロードする教科書が少しずつ増えています。この流れがいずれは普通になるでしょう。これは聞く教材だけじゃなくて、視覚教材、つまり見る教材のほうも同じです。昔は写真を大きく見せたい場合、「スライド」というものを使いました。皆さんは、見たことがありますか（写真３）？

３人：（黙って首をひねる）

ロン先生：そうですか…。わたし、自分がだんだん原始時代の人間のように思えてきました（笑）。今は教室で何か映す場合、パワーポイント（PPT）などのプレゼンテーションソフト以外は考えられませんが、視覚教材の入れ物は「写真→スライド→ PPT」の順で変わってきました。そして皆さんが教壇に立つ 21 世紀の前半から中盤にかけては、コンピューターがスマホやタブレットにダウンサイズしたように、教材もソフトウェアというよりはアプリになっていくと思います。たとえば皆さんは、英和辞典を使うときは紙の辞書を使いますか、それともアプリを使いますか？

カナ：高校のときに紙の辞書を買わされたんですけど、持ち運びが大変なので、今はアプリを使っています。

ハルカ：あたしも、紙と、あと電子辞書も買いましたけど、基本、アプリを使っちゃいます。すぐに調べられるんで…。

ユウキ：自分もスマホのアプリと、あと家ではネットの辞書サイトを見ています。

ロン先生：なるほどね。これは教材の宿命なんですけど、入れ物が１回新しくなると、もう古いものは使われなくなるんですね。古い規格はサポートされなくなるし、新しい教材は新しい入れ物で開発されます。本が電子書籍になっていくように、教材もネットやアプリに変わるのはやむをえないと思います。ただし、プロの教員を目指すのであれば、紙教材や紙の辞書も揃えておくほうがいいでしょう。日本語教材アプリの決定版は出ていないし、使い勝手ももっと変わっていくはずですが、紙の本や辞書は、もう完成された形だからです。つまり、10 年たっても 20 年たっても、変わらずに使うことができるわけです。最近の

流行のことばで「持続可能な」つまりサステイナブル (sustainable)、という語がよく使われますが、紙よりも優れたサステイナビリティを持つ入れ物はないでしょう。

\ サマリー ❷ /

視覚や聴覚に訴えかけて授業を立体化する教材を視聴覚教材と呼ぶ。情報の入れ物である教具はテープやディスクからインターネットまたはアプリに変わりつつあるが、紙の教材や辞書にも目配りをすること。

質問3 VHS のビデオテープのように、「知っているけどもう今は使っていない情報の入れ物」にどんなものがあるか、グループで話し合ってください。

12-3　教材の基本的な用い方

ロン先生：最後は、教材の使い方を考えましょう。教材の基本はやっぱり教科書ですから、まず日本語教育に限らず、教科書というのはどう使うのか、3 人で考えてみてください。

ユウキ：今日は何ページを開いてとか先生が言って…。

カナ：そこを誰かが読んで…。

ハルカ：あと先生が説明したり、黒板書いたりとか…。

ユウキ：あとで練習問題をするとか？

ハルカ：中学とかだと、終わり切らないと先生が「あとは読んでおくように」とかね（笑）。

カナ：今思うとかなりムチャ振りだよね。

ロン先生：ハイ、ありがとう。やっぱり基本的な使い方は、教科書の全体を毎回の授業時間で割り振って、今日は何ページから何ページまでって進めていくのが普通ですね。今までやった文型の導入やタスクなどでわかるように、外国語教育の場合は、先生が一方的に説明するよりも、教科書を仲立ちにして、教師と学習者とのやりとりで進めることが基本です。言い換えれば、学習者が情報を聞くインプットと、学習者がそれを考えて何か話すアウトプットを組み合わせて進めるのが、上手な教科書の使い方ということです。ここ、大事です。ユウキくん、そもそも外国人が日本語を勉強する目的の最大のものは何でしたか？

ユウキ：やっぱり、日本人と日本語で話すためじゃないかと思います。

ロン先生：そうです。これが「授業の目的」なので、それを「授業の方法」にもしちゃうわけです。たとえばさっきユウキくんが言った「何ページ開いて。」という指示も、もし先生がそれを告げて学習者が黙ってそのページを開いたら、会話にはならないですよね。じゃあ、ここを会話にするにはどうすればいいですか？　カナさん。

カナ：「今日は何ページからですか？」って聞く、とかですか？

ロン先生：そうです。これで授業の目的と授業の方法が一致するわけです。授業をこの方法でスケジュール通りにきちんと進められれば、もうプロの領域です。では次は視聴覚教材の使い方なんですが、ハルカさん、大事なポイントは何だと思いますか？

ハルカ：このあいだゼミの発表でパワーポイントを使ったんですけど、先にパソコンのスイッチを入れておかなかったので、立ち上げまで5分くらいかかっちゃって、その間何をしていいかすごく困ったんで（笑）、機材の準備っていうか、手順を決めておくことが大切だと思います。

ロン先生：その通りです。視聴覚教育でやりたいことは昔も今も同じなんですけど、手順や使い方は5年たったらだいたい新しくなってしまいます。それぞれの教具の準備、どのボタンを押すかとかどこをクリックするかといった手順を全部、授業の手順を書いた自分用のメモ、つまり教案に書いて、事前に準備しておくことが大事です。万が一、機械が動かない場合には何をする

かというリスク管理まで考えられたら立派です。カナさん、またさっきの話に戻りますが、電力を使わないで動画のような体験をするものは何だったでしょうか？

カナ：紙芝居です。

ロン先生：そうです。紙の視聴覚教材というのは単調な気がしますが、電力の制約がない分、持ち運びもできるし、どこでも使えるんです。つまり、もっとIT技術が進んで、もっとハイテクになればもっといい教材ができるというわけではないんです。これは電力の話だけじゃないですよ。（イラスト1）たとえばこのイラストを見て、どんなことを思うか、3人で自由に話してください。

イラスト1

ハルカ：そもそも誰？　みたいな（笑）

カナ：目が描かれてないけど、たぶんこの人、うれしい（笑）。

ユウキ：花をあげてるほうは彼氏じゃない？

ハルカ：または息子がお母さんにとか？

カナ：だったらこのお母さん、かなり若いよ！（笑）

ユウキ：そもそも、ここ、どこ？

ロン先生：ハイ、ありがとうございました。イラストや写真というのは、これだけいろいろ考えさせることができるんです。人は考えたことをことばにしますから、「学習者に会話をさせるきっかけ」としてはすごく大きいですよね。もしこれが、彼女にプレゼントする動画で、彼氏の顔も彼女の顔も映っていて、セリフもあって、音楽もついていたら、見ているほうは全部わかってしまうから「ふーん」で終わりですよね？わからない部分を考えさせるっていうのは、教材の大事な使い方になるわけです。だからといって動画がダメとかそういうことではなくて、結局は使い方次第で、すべての教材は授業に役立つものになるんです。たとえば動画だったら、音を消して学習者に人物や背景を見せてセリフを考えさせたりする活動ができますよね？そういう意味では、現在の自分の授業に合わない教材でも、どんな学習者にどんな使い方をしたらよいものになるかを考えるといいと思います。

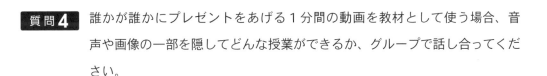

＼ サマリー ❸ ／

紙教材の場合、教科書であればインプットとアウトプットのバランスを考えて授業を進める。視聴覚教材の場合は、事前の準備や操作方法に慣れることが大切。使い方次第で、すべての教材は役立つものになる。

質問 **4**　誰かが誰かにプレゼントをあげる1分間の動画を教材として使う場合、音声や画像の一部を隠してどんな授業ができるか、グループで話し合ってください。

「会話」が課の中にある主教材を 1 冊選び、その部分を CD や mp3 などの音声を用いてどのように教えたらいいか、以下の手順にしたがって教案を書きなさい。

① 学習者の数を決める。国籍はさまざまで、日本語だけを使うものとする。

② 音声を扱う機械を決める（CD プレイヤー、パソコン、タブレット、スマホなど。パソコンの場合、音声を扱うソフトウェアも決める）。

③ 学習の目標を決める（例：内容が理解できる、実際に言えるようにする、ペアで再現するなど）

④ 活動の順番と、それにかかる時間を決める。

⑤ 決まったら、実際に 1 人でやってみて、内容・手順・時間配分が正しかったかどうかチェックする。

（所要時間 120 分）

次はこれを読もう

● 荒川洋平 (2007).『続・もしも ... あなたが外国人に日本語を教えるとしたら』の「第四章 日本語教育フェスタ（後編）」スリーエーネットワーク
この本はまだ日本語教育の経験がまったくないか、または非常に少ない人を対象に、「教授技法」「教材論」の 2 つを主なテーマに基礎的な理論と実践の方法を書いたものです。特に上に挙げた第四章では、新しく教材を作ること（教材開発）の考え方や具体的な進め方、著作権の問題などについても詳しく触れてあります。また、海外の中学や高校で日本語教育の経験を積みたいと考えている方には、第二章「海外派遣のケーススタディ」も役に立ちます。

―質問のこたえ―
質問 1
学校や担当した先生によってこたえは違ってくると思いますが、音声の CD、動画の DVD、ワークブック、問題集などが挙がると思います。なかにはパワーポイントで何かを見る経験をした人もいるでしょう。周りの人と情報を交換して、教材に関する関心を高めておくといいでしょう。

質問 2
・まず、日本語能力試験などの試験対策の本が挙げられます。参考書や問題集があり、これらは日本の大学入試の本と成り立ちが似ています。
・また「日本事情」という分野があり、これは日本の文化や社会、あるいは日本人の考え方などを学ぶ科目で、広い意味での日本語教育に入ります。
・さらに大きな分野として、辞書があります。英語、中国語、ロシア語など各国語別に辞書があります。これらは日本語の見出しや例文も学習者向けにやさしく書いてあるものが多いです。

質問 3
・音声のメディアとしては、MD（ミニディスク）があります。1992 年ごろから 15 年間、ほぼ日本だけで用いられた規格です。現在は mp3 が主流であり、その他のフォーマット（WAV や FLAC など）もありますが、外国語教育には直接の関係はありません。
・動かない視覚メディア、つまり写真はフィルム、スライドが現在ではデジタル写真になっています。動画は VHS ビデオ、ビデオエイト、Hi8、ミニ DV などがあり、現在はコンピューターで扱うさまざまな規格があり、入れ物としてはハードディスク、SSD、USB メモリー、SD カードなどがあります。特に現在のコンピューターはウィンドウズとマックという 2 つの大きな規格があり、特に後者のユーザーは自分が教える教育現場でそれが使えるかどうかを確認する必要があります。

質問 4
・前半の部分を見せてから後半の音を消して、その人が何を言っているか、当てさせることで、「こういう場合に日本人は何と言うか」がわかります。この場合はなるべく学習者が知っている表現を当ててもらうようにしましょう。前半の音を消してから後半は音ありで見せることもできます。学習者のレベルによっては、音声をすべて消した上で見せるのも可能です。この場合はペアやグループでセリフを再現してアフレコのようにするのも面白い工夫です。
・一方、音声だけを示して、映像は隠すケースもありえます。この場合はことばの学習にはなりませんが、ある状況における日本人の服装、プレゼントを渡したり、もらったりするときの表情や横こび方など、言語以外のコミュニケーションの要素を学ぶことができます。
・なお、学習者の日本語運用力が十分でない場合にビデオを使うときは、隠すことはせずに自然な会話での日本語を示したり、それを聞き取ったりする基本的な授業が勧められます。

▼ この課の目標

"Can-do" Descriptor

日本語の 4 技能の指導方法が理解できる。

質問1 もしも皆さんがカルロス・ゴーン氏（1954 年・ブラジル生まれ，日産自動車会長（2018 年 3 月現在））に個人レッスンで日本語を教えるとしたら、どんなことに気をつけるべきか、3 点挙げてください。

13-1　聞き方の指導

ロン先生：今回は言語の技能、つまり「ことばを使って人がどんなことができるか」という点から日本語教育を考えてみましょう。言語には 4 技能あると言われていますが、それらはまず「聞くこと」、そしてその逆は何でしょうか、ユウキくん。

ユウキ：「話すこと」です。

ロン先生：そうですね。聞くことと話すこと…。あと 2 つは？　カナさん。

カナ：読むこと・書くことだと思います。

ロン先生：そうですね。「聞く・話す」は音としてのことばに関わる技能、「読む・書く」は字としてのことばに関わる技能です。それぞれ教え方が違います。

ではユウキくん、外国語教育という考えで見た場合、この 4 つの中で、仮に一番大事なものを 1 つ選ぶとすると、何だと思いますか？

ユウキ：あんまり考えたことがないんですけど、「英会話」とか言うくらいだから、やっぱ「話す」だと思います。「あの人、中国語ペラペラだよ」とか言ったりするんで。

ロン先生：なるほどね。たしかに言語の基本は音ですから、学習者のニーズ次第とはいえ、やはり「読む・書く」はちょっと後回しになりますね。もちろん現在は LINE など SNS の時代ですから、読み書きの指導も大事なんですが、今は置いておくこと

にしましょう。そこで「話す」と「聞く」、どちらが大事かなんですけど、日本語を勉強しはじめた高校時代、わたしは「話す」が一番大事だと思っていました。でも、あまり上手にならなかったのでその理由を考えたら「自分はちゃんと聞けていない」ということがわかったんです。相手の言ったことがちゃんと聞けないと、ちゃんと答えられないわけですから。つまり、「聞く」は少なくとも「話す」と同じくらいの重要度があることは知っておくべきです。なので最初は「聞き方の指導法」を考えてみましょう。まずハルカさん、前に英語のリスニングの授業を取っていると話してくれましたが、授業ではどんなことをしていますか？

ハルカ：使っている教材はCNNのニュースです。最初に先生がニュースの背景を説明してくれて、次にそこで出てくる難しい単語をリストにしたものが配られて、それから実際のニュースを何回か聞いて、最後に練習問題をやります。

ロン先生：なるほどね。つまりハルカさんが履修している授業は「聞く前」「本番」「聞いたあと」の3つに分かれるわけですね。日本語教育で聞くことを中心にした授業、つまり「聴解」の授業をする場合も、だいたい同じ流れになります。まず「聞く前の活動」ですが、これはいわば学習者の気持ちを「日本語を聞くモードにする活動」です。どんな情報であっても、それがいきなり与えられるよりは、あらかじめそのことに関連した情報をもっておくほうが、心も体も準備できるんです。たとえば「1分後に震度3の地震が来るよ」って聞けば、実際起きたときにも、ある程度は慌てないで対処できますよね。これは授業で会話を聞く場合も同じです。たとえば最初に効果音で電車の音が聞こえたら「ああ、駅での会話だな」と予想がつくでしょう？ 次に「本番」なんですが、ハルカさん、履修している授業では、そのニュースを何回くらい聞きますか？

ハルカ：いつも3回です。

ロン先生：聞くときに、自分で工夫していることは何かありますか？

ハルカ：自分では特に思い浮かばないんですけど、先生からは1回目は全部わからなくてもいいから大体の内容を聞き取って、2回目でポイントを聞き取って、3回目でなるべく全部わかるようにしなさいっていうのは言われます。

ロン先生：なるほど。たしかに。人が何か情報を得ようとする場合のポイントは「だいたいの内容がわかるかどうか」または「知りたい情報が得られるかどうか」ですから、それぞれの「聞き」でどのポイントに焦点を当てるべきか、先生が学習者に指示することは効果があると思います。さらに、聞くことに他の技能を足す場合もあります。たとえば「聞く＋話す」なら当然、会話になります。じゃあ「聞く＋書く」とか「聞く＋読む」というのは何かありますか？ ユウキ君。

ユウキ：聞いて書くのは、授業でノートをとる場合とかで、あとテレビを見てると、誰かがしゃべった内容がそのまま字で出る場合もあるんで、これだと「聞く＋読む」でしょうか？

ロン先生：そうですね。こうして考えると、

聞く活動は、他の活動といっしょになって行われることが多そうですね。ですから、授業でもそういう状況の役に立つ練習を取り入れてください。あとは聞くものを短くて易しいものから長くて難しいものにだんだん変えていくこと、そしてハルカさんの授業のように、聞く前の準備を考えることを、教師としては心がけておきましょう。あ、ハルカさん、何かありますか?

ハルカ：あの、日本語教育の場合、どの教材がどのくらい難しいかっていうのがあんまりよくわからなくて…。すごく易しいものとすごく難しいものはわかるんですが、何か難しさを決める基準はあるんでしょうか?

ロン先生：なるほど。わたしは日本語学習者としての自分の理解と照らし合わせているんですが、教材の難しさが捉えにくい場合は、ためしに日本語能力試験の聴解問題を N5（いちばんやさしい）から N1（いちばん難しい）まで、順番に聞いてみれば、ある程度の「感じ」がつかめると思います。

＼サマリー ❶ ／

聴解の授業は「聞く前・本番・聞いたあと」の流れで考え、聞く前の準備やどのような「聞き」が求められているのかを学習者に明示する。また他の技能との組み合わせにも留意する。

13-2　話し方の指導

ロン先生：じゃあ「話すこと」の教え方にいきましょう。これは前にやったドリルや会話の指導法と重なるところが多いので、話しことばの分類を中心に考えます。まずカナさん、日本語を自分が使う場合に、ひたすら話すことだけをする状態って、何かあるでしょうか?

カナ：高校のときに放送研究会だったんですけど、ニュースとかをスタジオで読み上げるときは、間違えないように正確に話すことだけしてました。

ロン先生：なるほどね。今のカナさんのようにアナウンスをする、または人前でスピーチをするなど一方的に話す活動を「独話」と呼びます。じゃあハルカさん、この逆、つまり2人または数人で話す⇒聞く⇒話す、みたいにする活動は何と呼ぶでしょうか?

ハルカ：会話…、ですか?

ロン先生：そうです、「会話」です。英会話っていうことばから浮かぶ情景を考えても、会話の本質は「おしゃべり」です。一方、似たことばなんですが、「対話」は2人がきちんと向き合って話すことです。これは

もっとフォーマルな感じで、おしゃべりとは違いますね。「日米首脳の対話」だと、いろいろ外交上のことを話していそうですけど、「日米首脳の会話」だと、何か一緒に食べながら「コレ、旨いよね」とか（笑）言っている感じですよね？　そう考えると対話のほうが難しい気がするんですが、実は雑談とかふつうのおしゃべりも、「雑談力」なんていう本が出ているくらいで、けっこう難しいんです。そこで日本語教育で「会話」の指導をする場合の3つのポイントを挙げておきます（板書1）。これらはそれぞれどういう意味か、考えてみてください。

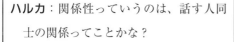

~話す指導のポイント~
1. 関係性
2. 会話らしさ
3. 機能

板書1

ハルカ：関係性っていうのは、話す人同士の関係ってことかな？

カナ：じゃあ敬語とか、ことばづかいに気をつけるとかっていうこと？

ユウキ：会話らしさって、「だよね」とか、会話っぽく言うとかじゃないかな…。

ハルカ：だよね。じゃ機能って？

カナ：（スマホを見て）辞書にも「働き」とか「役割」とかしか出ていない。

ユウキ：もし役割の意味だったら、社会人らしいことばづかいをするとか？　でもそれじゃ敬語と同じだし。

ロン先生：じゃあ上から順番に会話指導のポイントを探ってみましょう。まず「関係性」ですが、これはハルカさん、カナさんの言う通りです。会話では、自分と相手との関係を知った上で、どんなことばづかいをするかが決まりますね。目上の人に対して敬語を使うとか、わたしのように日本語が下手な人には（笑）易しく話すとか、日本語ではこの自分と相手との関係がつかめると、会話はうまく進みます。たとえば部活でも、先輩に対する話し方と先生に対する話し方は微妙に違いますよね？　日本語学習者には、そこが難しいんです。　そこで質問です。日本語には、話し手と聞き手が「わたしたちはこの関係でいきましょうね」ということを確認するあいさつがあります。ユウキくん、それって何だと思いますか？

ユウキ：関係を、確認する…。あぁ、「よろしくお願いします」！

ロン先生：そうです！「よろしくお願いします」というのは、お互いの関係を確認しました、これからもこれでいきましょう、というメッセージなんです。だから英語には簡単に訳せないし、でも非常に大事なあいさつですので、いつ、どうやって使うかを教えることが必要です。次は「会話らしさ」ですが、これはユウキ君の言った通りです。会話には「あのう…」のように言いよどんだり、「まあ」のようにそんなに意味がないことばを入れたりしますが、こういうのを「フィラー」と呼びます。単語のアクセントやイントネーションだけじゃなくて、そういう会話を構成す

る要素の指導も大事なわけです。具体的にはドラマの一部の音を消して見せて、何を言っているか想像して学習者に話してもらい、そのあとで実際にフィラーも入ったセリフを聞かせて、比べてもらう方法などが有効です。ある程度日本語が話せる学習者でも、フィラーがなかったり、あるいは妙なところに入ったりしていて、日本語らしい会話になっていないことが多いので、それを知ってもらえば、同時にどうすればいいのかという見本も明瞭に示されます。

じゃあ最後のポイント、「機能」なんですが、これはちょっと難しいですね。カナさん、たとえば「ありがとう」っていうのは、どんなことを言いたいときに使うことばですか?

カナ：誰かに、感謝するときのことばだと思います。

ロン先生：そうですよね?　じゃあハルカさん、他に「感謝」を言いたいとき、日本語にはどんな言い方がありますか?

ハルカ：「助かりました」とか、「ダレダレさんのおかげです」とか…。

ロン先生：そうです。じゃあユウキくん、この3つ、つまり「ありがとう」「助かりました」「ダレダレさんのおかげです」には、形の上、つまり文型で考えると、何か関連はありますか?

ユウキ：いえ、形はぜんぜん似ていないんで、関連はないと思います。

ロン先生：その通りです。でもこの3つ、お互いの形は似ていないけど、いずれも「感謝を伝える働き」という働きは共通していますよね。機能っていうのは「それを使って何ができるか」という意味なんです。日本語を文型で教える場合でも、易しいものから難しいものに積み上げた文型を、それを使ってどんなことが伝えられるかというポイントから再整理することが必要です。たとえばハルカさん、「誘い」とか「申し出」を断る場合の言い方にはどんなものがあるか、文型とは関係なく考えてみてください。

ハルカ：たとえば「ちょっと都合があってダメです」とか…。

ロン先生：ユウキくん、他にはどうですか?

ユウキ：「あ、ムリ」（笑）とか。

ロン先生：たしかに（笑）。カナさん、まだありますか?

カナ：断るときは、自分が悪いわけじゃなくても「すみません」を最初に言うことが多いと思います。

ロン先生：なるほどね。学習者がこういう、いわば「感謝セット」「断りセット」のように言い方や表現を覚えて、状況に応じて言えれば、日本語でコミュニケーションするときには役立ちます。実際、文型とまったく関係なく、機能の点から教えることを決めている「機能シラバス」というシラバスもあるくらいです。じゃあ今の3つのポイントを考えながら、学習者の会話をどうやったら上手に直せるか、次の「質問2」でやってみましょう。

\ サマリー ❷ /

会話を指導する場合は話し手と聞き手の関係を明らかにし、フィラーなど、単語レベルではない「会話らしさ」を加味する。その上で、機能に基づいた適切な表現を用いて、そこで行われるコミュニケーションが円滑に進むようにする。

質問2 トモキ君とジョージ君は同じクラスで3カ月過ごした友だちです。その関係を踏まえて、以下のジョージ君の会話について、①②のそれぞれについて、適切な言い方に直してください。

トモキ　　：ジョージさあ、今週土曜日ひま？

ジョージ　：①はい、今週の土曜日、わたしはひまです。

トモキ　　：だったらさ、飲み会、行かない？

　　　　　　俺ら男子3人と、あっちも女子3人。

ジョージ　：②はい、わたしはそれに行きたいです。

ロン先生：次は「読む・書く」の教え方を考えましょう。まずハルカさん、「読む」というのは、「聞く」「話す」のどちらに近い活動だと思いますか？

ハルカ：情報を受け取るほうだから「聞く」に近いんでしょうか？

ロン先生：そうです。読むことも聞くこともことばで情報を得ること、つまりインプットという点では共通するので、読み方の指導では、聞き方の指導で使う方法がけっこう当てはまるんです。たとえば、「聞く」のところで、人が情報を求める場合は、「だいたいの内容をつかむ」か、「特定の知りたい情報を得る」かという説明をしたんですが、これは読む場合、つまり読解も同じです。だいたいの内容を得る読み方をスキミング、特定の知りたい情報を得る読み方をスキャニングと言います。そこで「聞く」の指導で大事なことを、ユウキくん、思い出してください。

ユウキ：易しいものからだんだん難しくしていくというのがあったと思います。

ロン先生：そうですね。ではユウキくん、「日本語を読む」という行動のうち、いちばん易しいといったら、何でしょうか？

ユウキ：じゃあ…。ひらがなの「あ」だけ読むとか（笑）？

ロン先生：その通りです。文字1つを読むというのは「読み」の基本中の基本です。その次は、文字同士を組み合わせた単語を読むことです。それらを読むために前に話した「フラッシュカード」（写真1）を使うこと

があります。でもカナさん、文字や単語が読めれば「日本語が読める」と言えますか？

写真 1

カナ：いえ、やっぱり新聞記事とか物語とか、カタマリで読めないと、「読める」にはならないと思います。

ロン先生：そうですよね？　人が何かを読むとき、それが文1つで完結してるのはLINEのメッセージくらいです。たいていは文がいくつか集まったもの、つまり文章を読むわけですから、その指導が必要です。ですから日本語教育でも、初級の段階からそれなりの文章を数多く読ませる練習があります。市販教材だけでなく、ネットにも日本語教師の自作の多読教材がアップされているので、調べてみてください。では、ここで質問です。何かを読ませたあと、学習者が本当にその読んだものの内容がわかっているかどうか、どうやれば知ることができますか、ハルカさん。

ハルカ：その読んだ内容についての質問をすればいいと思います。

ロン先生：正解です！　他にありますか？ユウキ君。

ユウキ：あの、その内容についてまとめたり

言ったりしてもらうとか？

ロン先生：それもいいですね。読んでから、話をさせて、みんなでそれを聞いて、正しいかどうかを考えれば「読む」「話す」「聞く」と３つの活動ができます。ここで大切になってくるのが、何を読むかというトピック、話題です。たとえばユウキ君は、もし英語が自由に読めたら、どんなものを読んでみたいですか？

ユウキ：自分はサッカーが好きなんで、欧米のサッカー雑誌とかを読んでみたいです。

ロン先生：好きなことを読みたいっていうのは、当然ですよね。カナさんはどうですか？

カナ：わたしは日本のことが英語の新聞とかでどんな風に紹介されているか、読んでみたいと思います。

ロン先生：それも面白いですよね。日本語の学習者も、皆さんと同じようなことを考えています。もちろん、まず教科書の本文が読めることが大切です。でもそのあとは、学習者が本当に読みたいと思うものを課題にすれば、少し難しくても辞書を引いて理解しようとするし、満足度も上がります。また日本に関する知識がつくものは、日本事情の勉強にもなるので面白いと思います。自分で教材を作ることを「教材開発」と呼びますが、開発の際には読む教材に限らず、なるべく子どもっぽくしないで「本物」に近づけてください。前にも出た通り、日本語の教材はなぜかファンシーでかわいいイラスト付きのものが多いんですが、それを喜ぶ学習者は実際、ほとんどいません。

＼ サマリー ③ ／

読み方の指導は文字や単語のレベルから始まり、最終的には文章が読めるようになる指導に進む。読み方の代表としてはスキミングとスキャニングがあり、何を読む場合でも学習者の興味に合わせてトピックを選択することが望ましい。

13-4　書き方の指導

ロン先生：最後は「書く」の指導です。書くことも文字から単語、さらに文から文章へと難しくなっていく点は読み方の指導と同じです。まずは皆さんの体験から振り返ってみましょう。小学校から今まで、「日本語を書く」ことについて、皆さんはどんな学びをしてきたか、話してください。

カナ：小学校で書く勉強っていったら、まず漢字？

ユウキ：漢字は中学校までずっとだよね。あと作文で、原稿用紙の使い方とか。

ハルカ：あたしの小学校では、毎日日記を出させられてた。

カナ：読書感想文もあったよね？

ユウキ：あったあった。書いているうちに、なぜか感想じゃなくてあらすじになっちゃうんだよね…。

ハルカ：また「作文あるある」になってるね（笑）。

ロン先生：皆さんの話を聞いていると、ポイントが2つあるのがわかります。1つは、日本人には長期間にわたる漢字の学習があることです。前に漢字の勉強をしたときに（第6章）ちょっと触れましたが、小中学校で習う漢字は常用漢字の2,136字で、それくらいの数の漢字を皆さんは学校教育でやってきているわけです。次のポイントは、皆さんが書いた作文や日記と、実際の生活との関係です。たとえばカナさん、毎日の生活では、どんな日本語を書いていますか？

カナ：日常的には、LINEのメッセージを送るとか、ときどきメールするとかくらいです。

ロン先生：そうですよね？　ユウキくんはどうですか？

ユウキ：別の授業でプレゼンがあったので、パワポとレジュメを作るときに日本語を書きました。

ロン先生：なるほど。ハルカさんはどうですか？

ハルカ：2人の言ったこと以外だと、社会学の授業でレポートを書きました。

ロン先生：なるほど。暮らしの中でことばの4技能を使って何かすることを「言語生活」と言うんですが、縦書きの原稿用紙が今の皆さんの言語生活に関係あるかというと、実際はあまり関係ないですよね？　社会人になれば報告書やメールを書く機会が増えますが、原稿用紙の縦の行の最後のマスに「。」を入れるかどうかといったルールよりは、ワープロのソフトで原稿を書くルールなどを教えるほうがいいと思います。また書かせる内容も小学生ならともかく、「日記」というのも変な話です。ブログでもないかぎり、言語生活の中で自分の日記を他人に見せる人はいませんから、やはり勉強や仕事に役立つ内容が題材になるべきでしょう。では書き方の具体的な指導方法なんですが、ハルカさん、漢字を書くのは得意ですか？

ハルカ：いえ、もう全然（笑）。

ロン先生：おぉ、自信たっぷりに自信のなさを表明していますね（笑）。ところで、今の「もう」はどういう意味ですか？

ハルカ：小中学校のときは書き順が大事だって言われて漢字のテストも手書きで書いていたんですけど、入試が終わって大学に入ってからは手書きなんて全然しないんで、もう忘れました。

ロン先生：なるほど。「漢字を書く」ことの意味合いが、高校までと今では全然違うわけですね。前は手で書いていたのが、今ではディスプレイ画面から適切な文字を選ぶことが、書くことを意味しているわけです。スマホやパソコンが現代の生活から消えることはないので、この変化は日本語学習者でも同じです。すると学習者側の課題は、日本語を正しく入力できるかどうかです。わたしは昔、「高校」という漢字を画面に出そうとして、いくらやっても「個々」とか「此処」とかしか出なかったんですが、これはカナさん、どうしてだったと思いますか？

カナ：あの、koukou の代わりに、koko ってタイプしていたってことですか？

ロン先生：その通りです。「わたしは」のwa を「は」にするように、日本語には音と字の間にズレがあります。音を正確に聞き取り、それを適切なローマ字入力でタイプして、適切な文字を選ぶというのは実はけっこう指導が必要なことなんです。ですから漢字の変換キーを使って日本語の「書く」を教えるときは、学習者がちゃんと日本語を聞いて、それをローマ字に入力する指導が必要です。これは学習の初期から行ったほうがいいでしょう。たとえば教師が単語や短い文を読み上げて、学習者が正しい文を画面に出す練習です。もちろん、それをクリアしても、単語の間違いとか文法の間違いなど書く指導はたくさんあります。また、書く指導の場合、採点や添削など授業以外での教師の負担がけっこうあります。ですから文レベルであれば複数の学習者に同じ文を板書してもらい、教室内で互いに直させるような指導もいいと思います。まだ日本語教育の現場では原稿用紙で作文を書くだけの指導が多く残っていますが、これからは学習者がSNS やメールの日本語、あるいはプレゼンソフトやレポートでの日本語がちゃんと書けるように、指導の仕方も少しずつ変えていく必要がありますね。

\ サマリー ❹ /

書き方の指導では、学習者の言語生活に合わせた方法や内容を実践することが望ましい。電子機器の漢字かな変換を使った書き方の場合、日本語の音を適切なローマ字に変換して正しい表記を選ばせる指導が必要になる。

質問3 次の教材を「読む指導」に使った場合、学習者が本文の内容を理解したかどうかを知るためには、どのような質問をしたらいいでしょうか。やさしい日本語で、質問を3つ考えなさい。

トミー君は田中さんのともだちです。シンガポールから来ました。いま、横浜にいます。トミー君は牛丼が好きです。田中さんはときどき、トミー君と牛丼を食べます。おとといも食べました。そのとき、牛丼の店のレジで、お店の人がトミー君に「ポイントカードはお持ちですか？」と聞きました。トミー君はびっくりしました。そして「いいえ、ポイントカードはお餅じゃありません。食べ物じゃありません」と言いました。

アクティブラーニング　Active Learning

以下はアメリカ出身の学習者が書いた日本語です。間違いを直し、日本語として通じるものにしなさい。できれば、なぜこのような間違いが生じたかも考えなさい。

私わずっと日本語やったところんですけども、この間にやっとたくさん進みに見えるようになりました。最近50漢字知った。ゆっくりなんですけど、いろいろな変わりものがあったよ。だから、このまま続きます。

(所要時間90分)

次はこれを読もう

● 『みんなの日本語初級I　第2版　初級で読めるトピック25』スリーエーネットワーク
『みんなの日本語初級II　第2版　初級で読めるトピック25』スリーエーネットワーク
『みんなの日本語初級　第2版　やさしい作文』スリーエーネットワーク
この3冊は、技能別の日本語指導教材の見本となるものです。『トピック25』は読む指導に、『やさしい作文』は書く指導に使うものです。『トピック25』は、初級前半レベルでも学習者が興味深く読める読み物が、文法・単語の上で無理なく書かれており、授業中の練習にも宿題にも役立ちます。『みんなの日本語』を主教材に使っているコースではもちろんですが、それ以外の初級教科書を使っていても役立てることができます。『やさしい作文』のほうは習った文型をうまく使いながら20のトピックで物事の説明や自分自身について書けるようにするためのワークブックです。短い文を正しく積み上げて段落のある文章に持っていくまでの工夫が素晴らしく、学習者の独学にも使えます。日本語教師を目指す人が使う場合は、パラパラと見て終わりにするのではなく、学習者の立場に立って問題をやったり、文型を限定して作文をしてみたりすることで学習者のレベルを知ったりなど、教師として教えるべきこととまだ教えないことの区別が付くようになります。

―質問のこたえ―
質問 1
1. ゴーン氏は日産の元会長ですから、仕事で日本語を読んだり書いたりする必要はないので、簡単な日本語を聞いたり、話したりすることを重点に指導するといいでしょう。
2. また、会長という立場は、仕事においてはほとんどの日本人に対して目上なので、そこから機能を考えると「あいさつをする」「指示する」「感謝する」といった機能が中心になります。
3. また、自動車や自動車産業に関する語彙（例：エンジン、販売、高速道路など）を入れたり、プライベートを聞いて日常に役立つ表現を指導したりすることも有効です。

質問 2
① （解答例）うん、ひまだよ。
・「はい」は親しい間柄では「うん」になります。
・「今週の土曜日」はお互いが了解していることがらなので、わざわざ言う必要はありません。
・必要がある場合以外は、自分のことを言うときに「わたし」はつけません。
・丁寧な言い方である「です」は「だ」にして、自分の言いたいことや気持ちを強める「よ」を添えます。
② （解答例）うん、（それ、）いいね。
・①同様に「はい」は「うん」に変え、「わたし」もつけません。
・「それ」はせっかく「飲み会に行くこと」を縮めたので、そのまま活かします（省略も可能です）。
・「行きたい」でも通じますが、自分の欲求を示すよりも、一緒に行くという同意を示すところなので「いいね」のような言い方にします。

質問 3
本文の内容について聞く質問はいくつも作ることができますが、この話の面白さはトミー君の勘違いにあるので、そこがわかっているかどうかを、学習者に分かる易しい日本語を使って、確認のための質問を作りましょう。

質問の例
トミー君はどこから来ましたか。
　　　　　こたえ・・・シンガポールから来ました。
トミー君は今、どこにいますか？
　　　　　こたえ・・・横浜にいます。
トミー君は何が好きですか。
　　　　　こたえ・・・牛丼が好きです。
田中さんとトミー君はときどき、何をしますか。
　　　　　こたえ・・・（いっしょに）牛丼を食べます。
トミー君はどうしてびっくりしましたか。
　　　　　こたえ・・・「お持ち」ということばを食べ物の「お餅」と思ったからです。

第14章　日本語教育のキャリア

▼ この課の目標

"Can-do" Descriptor

日本語教育に関係する仕事の内容と、その仕事に就く
ための道筋がわかる。

質問1 日本語教師以外に、日本語教育を支える仕事にはどんなものがあると思う
か2つ挙げてください。

14-1　日本語教育に関わる仕事

ロン先生：わたしの授業もいよいよ最終回に
なりました。今回は皆さんの将来設計、つ
まりキャリアデザインについて考えたい
と思います。最初に皆さんは、どんな職業
に就きたいと思っていますか？　ではユ
ウキくんからどうぞ。

ユウキ：いや、それがまだぜんぜん決まって
いなくて…。

ロン先生：いえいえ、未定というのも立派な
答えです。どうして立派かというと、わた
しもユウキ君の年齢の頃は、同じ答えだっ
たからです（笑）。カナさんは、どうです
か？

カナ：わたしは、できれば日本語教師になっ
てみたいです。

ロン先生：そうですか。じゃあ将来は、同業
者になるかもしれませんね。最後、ハルカ
さんはいかがでしょうか？

ハルカ：あ、あたしは教職課程を取っていて、
将来は高校の英語教師になりたいんです。

ロン先生：そうですか。ハルカさんは教える
ことに向いていると思いますよ。わたし自
身はアメリカで日本語を勉強して、妻と結
婚してから来日して、インターナショナル
スクールの生徒たちにずっと日本語を教
えてきました。今はこうして大学でも教え
ていますが、学部時代にはユウキくんと同
じで、先のことは何もわかりませんでし
た。多くの人にとっては、キャリアデザ
インというのは、いろいろな業種や世界を

見ていくうちに、だんだん狭まっていくものです。卒業後にどこかの会社に入ったとか、どこかの学校で採用されたとか、その時点で終わるものではないですよね。今勉強しているこの科目は日本語教師という仕事だけでなく、それを含む「日本語によるコミュニケーションに関わるキャリアのすべて」に役立ちます。言い換えれば、「外国語としての日本語」を使って話をするすべての仕事に、この科目は関係があります。じゃあユウキくん、「外国語としての日本語」を使う仕事には、日本語教師以外に、どんな仕事があるでしょうか？

ユウキ：あまり考えたことがないんですが、外国から来た観光客に何か案内したりおみやげを売ったりする仕事だったら、少しは日本語を使うと思います。あ、でも英語かも…。

ロン先生：いい答えですね。今まで日本の観光業は、たとえば中国人観光客には中国語、アメリカ人等の観光客には英語で対応してきましたが、旅行会社をはじめ、観光案内所、ホテルや旅館、さらに飲食店などの接客業などで、外国人観光客に対して、外国語とともにわかりやすい日本語（専門的な名称は「やさしい日本語」）でも対応しよう、という動きがどんどん出てきています。最近は雑誌で特集が組まれるくらい、盛り上がっています（写真1）。ではハルカさん、「外国語としての日本語を使う仕事」は、他にもまだありますか？

写真1

ハルカ：教職の時間に、外国人の子どもが転校とか入学したときに日本語ができないと、その子たちに日本語教育をするって聞いたことがあるので、学校の教師もそのキャリアに入ると思います。

ロン先生：その通りですね。そういう授業をなんと呼ぶか、ハルカさんは知っていますか？

ハルカ：たしか「取り出し」だったと思います。

ロン先生：正解です。主として「取り出し授業」と言います。普通の授業から一定の期間、そういう子たちをクラスから取り出して、別の教室で日本語を教えるからです。それ以外にも放課後に日本語指導や補習をしたり、近隣の学校にそういう子どもたちを集めて教えたりする例もあります。つまり大学で日本語教育を学んでおけば、学校の現場でも役立つわけです。ではカナさんはストレートに日本語教師志望とのことですが、外国語としての日本語を使う仕事は、他に思いつきますか？

カナ：わたしは高校生のときから日本語教師をやりたかったので、他はあまり浮かばないんですが、教師になれなかったら、日本語学校や大学で留学生のサポートをする事務の仕事をやりたいと思ったことはあります。

ロン先生：そういった仕事も、もちろん入ります。学校の事務職員と、あと直接には日本語を教えないけど、留学生のカウンセラーなど、教育機関には教師以外にも日本語教育を支える仕事があります。さて、実は学校関係以外でも、実はまだあと大きいところが2つあるんですが、3人で話し合うのもこれが最後の機会だと思うので、考えてみてください。

ハルカ：このあいだテレビで見たんだけど、市役所の人が新しくその市に入ってきた外国人にいろいろ説明していたから、公務員はやっぱり入るような気がする。

カナ：市役所の人って、ボランティアの日本語教育グループをまとめる仕事もするみたいだから、きっとそうだよ。ユウキ、何かない？

ユウキ：じゃあ、日本語の教科書を作る会社の人とかは？

ハルカ：出版社の人、そんなにたくさんいるかな？

写真2
© 太田市企画部交流推進課

ロン先生：2つ出ましたので考えていきましょう。市役所のような地方自治体、あるいは自治体の国際交流協会のような仕事では、外国人に日本での生活について相談を受けたり、日本語教育の支援をしたりします（写真2）。あと日本語教育関係の出版社は、教材という側面から日本語教育を支える存在ですし、日本語教育の出版社の中には、大学で日本語教育を専攻した人や、実際に海外で教えていた人がたくさんいます。ただし、募集が非常に少ないので、キャリアデザインとして目指す対象には、なりにくいですね。実は2つ目はビジネスパーソン、つまり普通の会社員です。ではユウキくん、企業の社員が外国語としての日本語を使うって、どういうことだと思いますか？

ユウキ：たぶん、その会社で働くことになった社員に、日本語を教えるんだと思います。

ロン先生：そうです。日本の経済はまだまだ世界で大きな位置を占めていますから、日本企業で働きたい若者は世界中で何十万人もいます。日本語を勉強して入社する人もいますが、理系の専攻者など専門を生かして日本語が十分にできないで入社するケースもあります。そういう場合、入社してから日本語を習うわけですが、プロの日本語教師に授業を任せる場合でも、そういう研修プログラムの企画や評価などを、社員がすることがあります。企業や行政機関が、組織として自国・外国のことばをどう捉え、どう対処するかという一連の問題は「国際言語管理」と呼ばれて、ヨーロッパを中心に21世紀のビジネス界のキーワードになっています。まだまだ

「外国語としての日本語を使う仕事」はありますが、このあたりを押さえておけばとりあえずはいいでしょう。では授業も最終回なので、ちょうどカフェが開いた時間だから、続きはそっちでやりましょうか？

3人：ヤッタ！

\ サマリー **1** /

日本語教育の知識や経験は、日本語教師だけでなく、学校の教員や公務員、ビジネスパーソンなど外国人と日本語で話す仕事のすべてに役立てることができる。

質問2 日常生活を送る上で、皆さんは「外国語としての日本語でコミュニケーションする機会」があるでしょうか。もしあるとしたら「誰に対して」「どんな話」をするでしょうか。そしてそれは相手に、どのように役立つでしょうか。

14-2 日本語教師の仕事をめぐって

（学内のカフェ）

ロン先生：ではコーヒーもケーキも来たので、今度は「日本語教師」という職業に絞って、もう少し考えてみましょうか。カナさんは日本語教師志望とのことですが、どんな職場でどんな教師をしたいのか、教えてください。

カナ：まだぜんぜんイメージはないんですけど、日本語学校で教えて、それがダメなら近所の公民館でボランティアの日本語教室をやってるので、それから始めたいと思っています。

ユウキ：でもボランティアじゃ給料もらえないんじゃない？

カナ：いいの、最初は。もっと先に日本語教師になってもいいと思うし…。

ロン先生：たしかに一口に日本語教師といっても、立場はさまざまです。ざっと分類すると、それでお金をもらうプロと、お金をもらわないボランティア教室の教え手がいます。プロのほうもいろいろ分類できるんですが、ハルカさん、何かわかりますか？

ハルカ：うちの学科の先輩で、タイで日本語を教えにいった人がいるんですが、外国で教えるか、日本で教えるかの違いですか？

ロン先生：そうです。国内でも優秀な日本語の教師は足りないのですが、外国だとなおさらです。中国やタイの大学では、数年の契約で日本語を教える講師をかなり募集しています。知らない国で教えるのはことばや習慣の問題もあって大変ですが、コースデザインなども自分で責任を持つ場合が多いので、外国で教えると、教師としての力は伸びますね。

カナ：あ、わたしも日本で経験を積んだら、外国で教えてみたいと思います。

ユウキ：え、すごい！

ロン先生：そのときは相談に来てくださいね。先に国内の話をすると、日本語学校には塾と同じような成り立ちのところもあれば、学校法人の形を取った、大きな学校もあります。ただ、すぐ常勤の教員になれるかどうかは学校の事情によって違っていて、非常勤講師から始める場合が多いです。

カナ：それは、どういう違いがあるんですか？

ロン先生：一言でいえば、常勤の教員と非常勤講師の違いは、会社でいうところの正社員とアルバイトの違いです。常勤の教員であればそこの職員として、週に5日間、フルに教えるんですけど、非常勤講師は契約で週に何コマかを教えることになります。でも両者の違いは、たくさん教えるかどうかよりも「教務をするかどうか」ですね。教務というのは、実際に教員にならないとわかりにくい仕事です。たとえば、来月から新しい日本語のコースに学生が50人来ることになった場合、ユウキくん、学校側としては、どんなことを決めなくてはなりませんか？

ユウキ：まず、誰がどのくらい日本語ができるかを考えて、クラス分けをすると思います。

ロン先生：そうですね。クラス分けのために
　テストをする場合は問題を作ったり、その
　テストの日どりや時間を決めたりするの
　は、代表的な教務の仕事です。ハルカさん、
　新規コースの準備として、他にまだありま
　すか？

ハルカ：そのコースの教科書を決めなくちゃ
　いけないと思います。

ロン先生：ですよね？　どんな教材を何部買
　うか決めて、場合によっては書店に頼むの
　も教務の仕事です。カナさん、まだありま
　すか？

カナ：時間割を作ったりするのも、そうです
　か？

ロン先生：正解です。あと時間割が決まった
　ら、どこの教室で誰が教えるか、あと教
　えたあとでの評価の基準や出欠席のルー
　ルをどうするかなども決めます。そうい
　う「教育に関する事務」を教務と呼びます。
　事務の人がやってくれる場合もあります
　が、教育に近い部分は事務じゃなくて教員
　がやることが多いですね。教務がきちんと
　行われてはじめて、コースが円滑に流れる
　ことになります。これは大学も同じです。

ハルカ：先生みたいに大学で教える場合は、
　どうするんですか？

ロン先生：大学も教授・准教授などの常勤の
　教員と、わたしのような客員（非常勤）講
　師に分かれている点は、日本語学校と同じ
　です。ただ大学の教員にとっては、日本語
　教育は仕事の一部で、教務もやるんですけ
　ど、研究することが教育と同じか、それ以
　上の割合になっています。大学によっては
　「留学生別科」という、日本語学校のよう

な組織を持っているところがあって、そこ
で働く場合は、研究よりも教育中心になる
ことが多いようです。いずれにしても、た
いていの場合、大学で働く場合は大学院を
修了すること、そして論文や著作などの研
究業績があることが応募の条件になって
います。

ハルカ：何か、政府機関から海外の中学校や
　高校に派遣されて教える場合もあるって聞
　いたことがあるんですけど…。

ロン先生：そうですね。国際交流基金（ジャ
　パンファウンデーション）のことだと思い
　ます。この機関は外務省が所管していて、
　日本語教育を仕事の柱の1つにしていま
　す。若手の助手レベルから専門家の人ま
　で昔からたくさん派遣していて、今だと
　J-leap っていうプログラムでアメリカの小
　中高に派遣するプログラムもあります。ハ
　ルカさんも、興味が出てきましたか？

ハルカ：すごくやりがいがあって面白そうだ
　と思うんですけど、日本語教師は給料が低
　いって聞いたことがあって…。

ロン先生：これは日本語教師を目指す人が必
　ず心配することですよね。学校によっても
　ずいぶん条件が違うようです。働きはじめ
　てから問題にならないように、よく調べて
　から勤めるほうがいいでしょうね。あくま
　で一般論ですが、たとえば教材や設備にお
　金をかけている機関は、教員の待遇も比較
　的いい所が多いようですね。

ユウキ：あの、僕は少し起業とかに興味ある
　んですけど、日本語教師をフリーでやるっ
　ていうのは難しいですか？

ロン先生：いや、そんなことはないです。わ

たしの知り合いでもフリーランスの日本語教師は多いですよ。完全なフリーという立場もあれば、どこかに登録して、会社や団体に出かけていって教える立場もあります。わたしが知っているのでいちばん優雅な例は、外交官に教えている人なんですが、この人は毎回授業後に、大使館の近くで豪華なランチをごちそうになっています。いま、その後釜を狙っているんですけどね（笑）。

ユウキ：じゃあ日本語教師になるとして、先生のおすすめのルートというか、キャリアデザインは、どういうものですか？

ロン先生：やはり1つは、海外経験を積むことだと思います。そうすると特定の国や母語の人に教える専門性も育ちます。もう1つは、もし国内で教えるなら、日本語を目的にするよりも、日本語を手段にする教育が、これからのキーワードになると思います。具体的にはビジネスとか医療とか、あるいはデザインなどを日本で学びたい留学生が、そのための手段として日本語を学ぶ場合があります。一種の専門日本語ですね。ことばとコンテンツ（内容）、両方の学びを支援できる教師が、これからは必要になってくると思います。わたしの友だちで簿記や販売士などの資格を持っていて、それから日本語教師になった人がいて、彼はいま専門学校に勤めているんですが、その「引き出しの多さ」で学習者からも学校からも、とても頼られています。

\ サマリー ❷ /

学部生が日本語教育をキャリアとして考える場合は、可能であれば海外経験を積むことが勧められる。国内外のどの機関であっても、常勤の教員と非常勤の教員の別があり、仕事内容や待遇が異なる。

質問3 日本語教師を含む「外国人と日本語でコミュニケーションする仕事」について、興味・関心があるものを選んで、①それに興味を持った理由　②その仕事の魅力　③その仕事に就くためのキャリアデザインを2〜4人のグループで話し合ってください。

14-3 日本語教師を目指すキャリアデザイン

カナ：そうすると、わたしが今のうちにして
おいたほうがいいのは、どんなことです
か？

ロン先生：人それぞれなんですが、基本的
には日本語教師としての大事な2つのこ
と、つまり日本語の知識と日本語を教え
る技術を「見える化」することでしょう。
日本語の知識を見える化するっていうの
は、この人は日本語について知識がある
という事実を世の中に知らせる、ちょっ
と難しく言うと「権威化」することです。
アメリカ人が大好きな、オーソライズ
（authorize）するということですね。いま、
皆さんは学部でこの授業を取って単位を
得るわけですが、単位は英語で言うと「ク
レジット（credit）」ですよね。これは大
学が発行する「学生の勉強したことへの信
用状」って意味なんです。ですからこの科
目の信用状を足がかりにして、「日本語教
育能力検定試験」に合格するのが「知識の
見える化」になるのではないでしょうか。

ユウキ：その試験、難しいんですか？

ロン先生：基本は知識を問う問題なんですが、
範囲がかなり広いので、数カ月単位で準備
する必要があります。大学の勉強だけで合
格する人もいますし、対策の本や通信講座
もありますから、いろいろ調べてみるとい
いと思います。この検定試験に合格すれ
ば、履歴書にも書けるし、オーソライズと
しては申し分ないと思います。試験の概要
はインターネットで調べてみるといいで
すよ。

カナ：すみません、質問ばっかりで。あと、
教える技術のほうはどうしたらいいんです
か？　やっぱり教職を取って、教育実習に
行ったりしたほうがいいんでしょうか？

ロン先生：教育実習は、学校の先生になるた
めのプロセスですから、日本語教育という
よりは基本、ハルカさんのような、学校
の教師志望の人に対するプログラムです。
日本語教育を直接に体験するなら、カナさ
んの家の近くでやっている、地域のボラン
ティア教室などを訪れるといいと思いま
す。

カナ：あ、でもわたし、教えたことないから…。

ロン先生：地域の日本語教室では経験を問わ
ないところが多くあります。ちょっと大き
い組織だったら、はじめての人のための講
座が開かれていることもあります。それが
なくても現場を見学だけでもできるのは
貴重です。また、多くの大学には留学生用
の日本語の授業があって、見学したり授業
の手伝いを条件に学部生の参加を認めた
りしているクラスもあると思います。　同
じクラスだけを見るよりは、なるべくいろ
んな授業を見学させてもらうほうが、刺激
になります。教師を見るというより、学習
者を見るという意味でなんですが…。

ハルカ：いろいろな学習者を見ると参考にな
るっていうことですか？

ロン先生：そうです。教授法という語は「教
師がどう教えたらいいか」と言い換えられ
ますが、同時に「教師はどう学ばせたらい
いか・学習者はどう学ぶのか」も含んだ大

きな概念でもあります。たとえば、発音の指導のときも触れましたが、学習者がうまく言えない発音を何十回リピートさせても、やっぱりうまくはいかないんです。理由は簡単で、聞いたことばを学習者が脳で区別できていないからなんですね。つまり学習者側の学ぶ理屈、つまり<u>学習ストラテジー（方略）を知ることで、よりよい教授法や技法が見つかるわけです。</u> ですから見学のチャンスがあったら、先生がどう教えているかと同じくらい、学習者がどう学んでいるかも見ておくといいと思います。

（チャイム）あぁ、時間ですね。あと1つだけお話しします。ことばとかコミュニケーションに関わる仕事をするのであれば、一度「そもそもことばとは何か」「文法とは何か」ということを、一度徹底的に、自分の頭で掘り下げてみるといいですよ。この授業で学んできたいろいろなことをきっかけにして、それを深めておくことを勧めます。これは、10年後の自分に向けてのキャリアデザインへのきっかけになると思います。

3人：ありがとうございました。

＼ サマリー ❸ ／

日本語教師になるための準備の代表的なものとして、日本語教育能力検定試験の合格を目指すことや実際の授業を見学したり、参加したりすることがある。

質問**4** 日本語教育能力検定試験のサイトを見て、出題の区分を調べてください。また以下の用語が、どの区分に関わるのか考えてください。①敬語　②漢字　③コースデザイン　④日本語能力試験　⑤学習者の学び方

日本語教育学会の教師募集情報（http://www.nkg.or.jp/boshu）および国際交流基金の「日本語を教える　～キャリアパス～」（https://www.jpf.go.jp/j/project/japanese/teacher/teacher_ca-reerpath.html）のサイトを見た上で、以下の①～③について 1,000 字程度で述べなさい。

①自分にとって魅力的な仕事を 1 つ選ぶ

②どの点でそれが魅力的なのかを考える

③自分が採用された場合どんな日本語教育がしたいのかを考える

（所要時間 180 分）

―質問のこたえ―
質問 1
すぐに浮かぶのは、日本語教育機関の事務職でしょう。その他、行政やボランティア等さまざまなものがありますが、詳細は「14-1 日本語教育に関わる仕事」に書いてある通りです。

質問 2
・まず自分の大学に留学生がいる場合には、その人の日本語力に応じて、日本語のチューターをしたり、生活を手伝ったりする可能性があります。何も教えなくても、友だちになることはその相手にとっても自分自身にとっても大きな財産となります。気負わずに、普通の日本人の友人と同じように接することが大事です。できること・できないことをハッキリさせて、お互いに助け合い、学び合うという点では日本人の友人も外国人の友人も変わりありません。
・また、観光客やビジネスパーソンなど、日本にいる外国人が何か困っていたら、できる範囲で助けてあげることも大切なコミュニケーションです。外国語ができなくても、日本語でゆっくり話しかければある程度は何とかなります。助けにならなかった場合でも、親切な日本人が助けてくれようとした記憶だけは、相手の外国人の心に残ります。

質問 3
この質問には正解がありません。しかし仕事の魅力や、その逆に仕事への心配や不安を考えることで「自分は仕事にこういうことを求めていたんだ」と改めてわかりますし、パートナーの意見や価値観を聞くことを新しい気づきが得られます。どの仕事がいい、悪いという価値づけをする前に、仕事に対する知識を得たり、分析したりすることが大切です。

質問 4
出題範囲の区分は「社会・文化・地域」「言語と社会」「言語と心理」「言語と教育」「言語一般」に分かれています。それぞれの用語との関係は、以下の通りです。2018 年 3 月には文化庁から「日本語教育人材の養成・研修の在り方について（報告）」という新しい指針が示されましたが、それに基づいて試験内容が変わる場合でも、現行の事項の多くが試験シラバスのコアになることは確実です。

①敬語＝「言語と社会」の「2. 言語使用と社会」に主に関わる。
②漢字＝「言語一般」の「2. 日本語の構造」に主に関わる。
③コースデザイン＝「言語と教育」の「1. 言語教育法・実技（実習）」に主に関わる。
④日本語能力試験＝「社会・文化・地域」の「3. 日本語教育の歴史と現状」に主に関わる。
⑤学習者の学び方＝「言語と心理」の「2. 言語習得と発達」に主に関わる。

おわりに　ロン先生からのメッセージ

　この教科書を使ってくれて、ありがとう。わたしはカリフォルニア生まれのアメリカ人ですが、日本語の面白さに目覚めて、とうとう日本語教師をすることになってしまいました。
　ここでは 14 章の最後のアドバイスとして、わたしなりに考えた

　　○ことばとは何か
　　○文法とは何か

について、皆さんにお話しします。これから日本語を教える場合、こんな考えを頭の片隅にいれておけば、きっと役に立つと思います。

　わたしたちは毎日、ことばを使って生活しています。
　たとえば今日、このページを読むまでに、ことばを使って、どこで・誰と・何を話しましたか？
　今日は 1 日、誰ともしゃべっていないという人がいるかもしれません。
　でもそういう人だって、心で何かを思うときは、たとえば

　「あー、お金ないなー」

みたいに、何か思うときにはことばを使っていますから、1 人でいても、やっぱりことばなしで生活することはできません。
　さて、ここでちょっと考えてみてください。
　1 人のときでもいいし、誰かとしゃべる場合でもいいんですが、どうしてわたしたちは、ことばを使うのでしょうか。本を見るとよく「コミュニケーションのため」とか書いてありますが、そんな難しいことじゃなくていいので、やさしく考えてみてください。
　そう、わたしたちがことばを使うときには、間違いなく

　A. 何か大事なこと
　　と、あと
　B. それを言いたい気持ち

が、自分の回りや自分の心の中にあります。

たとえば、さっきの（あー、お金ないなー）みたいなひとりごとを言うときは、

具体的な A. お金がないという事実
と、あと
具体的な B. そのことが困るという気持ち

があるからこそ、ひとりごとということばになって出てくるわけです。

誰かとしゃべる場合も、同じです。
たとえば、どこかのカフェに入って席について、一緒に来た友だちに

「ここのランチ、おいしいよね」

と、いう場合は、

また具体的な A. おいしいランチがあるという知識
と、あと
また具体的な B. そのことを友だちと共有したいという気持ち

この2つがあって、はじめてこのことばは成立するわけです。

このランチの話を、もう少し考えてみましょう。
　ちょっと変な話ですが、さっきから話に出ている、このAとかBとかの知識や気持ちは、どうして起こったのでしょうか？
　A. の「おいしいランチがある」というのは、自分が知っていること、つまり「知識」ですね。
　皆さんがそのことを知るためには、

○誰かからここのランチがおいしいと聞いた
とか、
○たまたま入ったらおいしくて気にいった

などのような「経験」が必要です。

B. も同じようなもので、友だちにランチがおいしいと気持ちを伝える前には、まずその人と友だちになるという「経験」が必要です（だって全然知らない人にいきなり「ここのランチ、おいしいよね？」とは言えないでしょう？）。

ここまでをざっとまとめますね。

人がことばを使う前には

経験をする　→　それを頭の中で認める・考える　→　ことばを話す

という順番が必ずあります。

　何かを経験して、頭で認めたり考えたりすることを「認知」と言います。つまり、買い物をするときには必ずお金が必要なように、ことばを使う前には必ず認知が必要なのです。

　この「認知（＝頭の中で認める・考える）」というキーワードについてあと２つ、大事なことを話します。

　最初は、本文でもお話しした「カテゴリー化」、つまりグループ分けの話です。

　上に書いた通り、わたしたちは毎日、朝から夜までさまざまな経験をしますが、このすべての経験は、自分の身体を使ってしています。

　たとえば朝、目を覚ませばそこには部屋の風景が広がっています（＝目で見る経験）。洗面所に行くためにベッドを降りれば、足の裏が床につきます（＝手足などで触る経験）。もし朝ごはんをトーストにすれば、焼けるまでの間、パンの匂いがします（＝鼻でかぐ経験）。トースターからポン！ とパンが出てきて（＝耳で聞く経験）、それにバターを塗って口に入れれば、いつものパンの味がします（＝舌で味わう経験）。

　身体を使ったこういう経験を、わたしたちは普通、問題なくできます。

　それは毎日やっていることで慣れているからですが、それでは「慣れている」というのは、いったいどういう意味でしょうか。実は慣れているというのは、わたしたちが出会うものやすることが、前に経験して、それを「知っている」ということです。

　ちょっとわかりにくいかもしれませんが、この「知っている」というのは、その物事（例：パン）や、それに対してする行動（例:トースターに入れる）を頭の中で「グループ分け」している、ということです。

　カテゴリーやグループというのは、何かの理由で、ひとまとまりになっているものですね。大学での仲よしグループというのは友だち同士という理由でのひとまとまりだし、ペンケースの中

にシャープペンとかボールペンが入っているのは、筆記用具という理由でのひとまとまりです。

　この「カテゴリー化」をしておくと、日常とは違うまったく新しい経験をする場合でも、何とかなるものです。

　たとえば、食べ物の中には「パン」というカテゴリーがあること、つまり

　　○パンという名前とその一般的なイメージ
　　そして
　　○フランスパンとかメロンパンとかとか、いろいろな種類があること

というグループ分けをしておけば、知らない外国に行ってレストランに入って何かが出されても、「あ、きっとこれはパンみたいなものだろうな」と見当がつきます。

　行動のカテゴリー化も同じことです。

　私たちは意識していないだけで、外にあるものを何か内側に移す動作、たとえば

　　○パンをトースターに……
　　　とか
　　○ボールペンをペンケースに……

といった、このテンテンテン（……）の行動を、「入れる」ということばでまとめています。

　こうしておけば、自分ではあんまり使わないことば、たとえば「休憩を入れる」「気合を入れる」みたいなものの意味も、ちゃんと理解できるわけです。3章で少し学んだように、こういったカテゴリー化は、毎日の生活を繰り返すうちに、無意識のうちに定着していくものです。つまり、「あーぁ、今日は1日、何にもしないで終わっちゃったなー。大学生活、こんなのでいいのかな」と残念に思う日でも、カテゴリー化のためには少しは役立った1日なのです。

　次の話は、「主人公とその次」がキーワードです。

　ちょっとこの本を閉じて、右手の人さし指で表紙をトントントン、と軽く叩いてみてください。

　そしてそれをしながら、目の前の「トントンしている情景」におけるメインの存在、いわば「主人公」は何だと思うか、ちょっと考えてください。

　主人公はやはり、指でしょうね。

　何しろ自分の目の前の中央にあるし、この情景の中で指だけが動いています。

　では次に主人公の次に当たる、「副主人公」は何でしょうか。

　これはまあ、本の表紙でしょうね。主人公の指にトントンされているし、指と表紙があってはじめて、この情景は完成する感じです。

では主人公・副主人公がそろったところで、もう１度トントンしてみてください。

　皆さんの目の前にあるのは、本当に人さし指と表紙だけですか？

　そんなことはないですね。よくよく見れば、他の指も手首も見えるし、本のまわりのいろいろなものだって見えています。ただ、トントンするときに、わたしたちはそれを気にとめないのです。そして気にとめないから、ことばにしないのです。いわば指と表紙以外の要素は、アニメの中の背景とか、場面には出てくるけどしゃべらないサブキャラみたいなものです。

　実はこのように、何か見たり聞いたりといった「経験」をことばにする場合、わたしたちはたいてい「主人公」「副主人公」が何かを考え、その２つの関係をことばにしています。

　たとえば、

「あ、牛が草を食べている」

　だったら、牛が主人公、草が副主人公でしょう。あるいは、

「鈴木さんは京都出身だよ」

　だったら、主人公は鈴木さん、副主人公は京都という場所です。

　この２つが何かを決めるのは、わたしたち自身です。

　たとえば雨が上がって、曇り空が晴れたときの情景を想像してみましょう。

「あ、空が晴れてきた！」

　と言えば、主人公はもちろん空で、副主人公は文の中にはないけど、消えつつある雲でしょう。ところがわたしたちは同じ景色を見て、

「あ、雲が晴れてきた！」

　とも言います。この場合、主人公は雲で、空のほうが副主人公になります。どっちに関心を向けるかで、口にする文は変わってくるのです。言い換えれば、同じものごとを見て違った言い方をする場合、それはわたしたちがどこに関心を向けたかということの違いがことばに反映されることになります。

　だいぶ長くなってきたので、まとめましょう。

ここまでお話してきたことは、頭の中で認めたり考えたりすること、つまり「認知」には２つの大事な面があるということでした。

　１つ目は、私たちはいろいろな情報、たとえば物事とか動作とかをグループにまとめていること、つまり「カテゴリー化」しているということ、もう１つは私たちは何か経験するとき、その経験における主人公と副主人公（とそのほか）を心で決めているということです。

　ことばを使うというのは、この２つに基づいてなされることです。

　それはわたしたちが日本語を使う場合も、日本語を外国語として使う場合も同じです。

　この本で文法のところを勉強したときに「名詞」とか「動詞」といったことばが出てきましたね。

　名詞というのは話していることの主人公や副主人公になるものが多く、動詞というのはそれらの動きとか、お互いの関係とかを述べるときに使われます。人間の使うことばは何千種類もあるのですが、カテゴリー化をすることとか、どれが主人公かを決めること、といったものの見方はまったく同じです。ですから、一見違うように見えるそれぞれのことばは結局、とてもよく似ているのです。

　似ているというキーワードを使って、最後の最後に「意味」の話をしましょう。

　皆さんは「りんご」という単語を知っていますよね？

　では「マンサナス」という単語を知っていますか？　こちらはおそらく、知らないと思います。

　実はマンサナスというのは、フィリピンで使われるタガログ語で「りんご」のことです。

　外国語だから知らないに決まってるじゃないかと思うかもしれません。

　でも、ちょっと考えてみてください。

　皆さんがよく知っている。あの赤とか黄色の甘い果物、パイやジュースにしたりするあの実際の果物と、「りんご」という音の間に、何か特別な関係はあるのでしょうか？

　私たちは日本人として日本語を使っているから、あの果物は「りんご」だとわかります。けれども、日本語ができないタガログ語話者に「りんご」といっても、普通の人はあの果物を想像することができません。わたしたちが「マンサナス」と聞いても、何だかナスみたいことばだなと思うくらいでりんごが思い浮かばないのと同じ話です。

　つまり、どの言語であっても、その言語の音を組み合わせて作った語（例：りんご）と、それが実際に示すもの（例：あの赤または黄色の丸い果物）の間には、これだからこうというキチンとした理由は何もないのです。

　本来、そうではないものに、むりやり人間が意味を結びつけたペアのことを「記号」と言います。

　たとえば信号の赤は、もともとはただの色なのに、交通という世界では「止まれ」とか「危険」の意味がありますね。あれが記号です。単語であっても、単語を組み合わせる規則（文法）であっても、それで実際に作った文であっても、ことばはみんな記号なのです。

ことばというのは、人間によって作られた記号のかたまりです。

　その人間は誰でも例外なく、国や性別や年齢が違っても、誰でもしている毎日の経験をカテゴリー化し、何かに出会うたびに、ここの主人公・副主人公は何かなと考える存在です。ことばという記号のルールはいろいろありますが、この本で見てきたとおり、初級のレベルでは実はそんなに難しいものではありません。皆さんがたぶん知らないロシア語でもトルコ語でも、日常のことばの成り立ちは、別にびっくりするほど難しいものではないのです。

　皆さんが日本語教師になって接する学習者は、どんな人でもみんな例外なくカテゴリー化を行い、主人公決めを行い、記号を操ることができます。その人たちが「日本語」という新しい記号で、日常の用事を何とかこなせるように、そして日本での生活や滞在が素敵なものになるように、うんと楽しい授業を考え出して、実践してください。

重要用語索引

荒川洋平（あらかわ ようへい）

東京外国語大学教授（国際日本学研究院）

1961 年東京生まれ

立教大学文学部仏文科卒業。ニューヨーク大学教育学大学院修了。デューク大学助手、国際交流基金日本語国際センター専任講師、東京外国語大学助教授を経て、2014 年から現職。専門は応用認知言語学、国際言語管理。

著書に『日本語教育のスタートライン ―本気で日本語教師を目指す人のための入門書―』『もしも… あなたが外国人に「日本語を教える」としたら』『続・もしも… あなたが外国人に「日本語を教える」としたら』（スリーエーネットワーク）、『日本語教師のための応用認知言語学』（共著、凡人社）、『日本語という外国語』（講談社）、『日本語多義語学習辞典 名詞編』（編著、アルク）、『デジタル・メタファー ことばはコンピューターとどのように向き合ってきたか』（東京外国語大学出版会）、『会話で広げる日本語語彙 Go Easy!』（アスク出版）などがある。

授業動画 URL

https://www.bonjinsha.com/wp/mikata

授業動画出演協力者

キム・ガウン

アンドレイ・キルパチ

アラン

サムエル・プーン

森友莉恵（オユン）

日本語教育のミカタ 対話で具体的に学ぶ新しい教科書

2018 年 12 月 1 日　初　版第 1 刷　発行
2023 年　5 月 1 日　第 2 版第 2 刷　発行

著　　　者	荒川洋平
発　　　行	株式会社 凡人社
	〒 102-0093　東京都千代田区平河町 1-3-13
	電話 03-3263-3959
カバーデザイン	コミュニケーションアーツ株式会社
印 刷・製 本	倉敷印刷株式会社

ISBN 978-4-89358-987-3
©Yohey Arakawa, 2018, 2021　Printed in Japan